Susanne Beyer

Die Glück lichen

Susanne Beyer

Die Glück lichen

Warum Frauen die Mitte des Lebens so großartig finden

Blessing

Penguin Random House Verlagsgruppe FSC® N001967

1. Auflage 2021

Umschlaggestaltung: Bauer+Möhring, Berlin
Satz: Leingärtner, Nabburg
Herstellung: Ursula Maenner
Druck und Einband: GGP Media GmbH, Pößneck
Printed in Germany
978-3-89667-680-1

www.blessing-verlag.de

Meiner Mutter und ihrer besten Freundin
Meiner Schwester
Meinen Töchtern
Meinen Freundinnen

Freude ist eine Form des Widerstands.

Alicia Keys

Inhaltsverzeichnis

Gestern

Ein Foto und ein Klassentreffen

Im Wohnzimmer des Hauses meiner Eltern lag ein Foto. Der Fußboden war ein paar Tage zuvor neu abgezogen worden, alle Möbel hatten hinaus- und dann wieder hereingeräumt werden müssen, und so waren Dinge aufgetaucht, die neu für mich waren.

Das verblasste Farbfoto zeigte eine Gruppe Frauen, die auf mich wirkten wie ältere Damen. Die meisten trugen praktische Kurzhaarschnitte, manche eine Dauerwelle, weite Röcke, die bis zur Mitte der Waden reichten, weite Blusen, Westen. Auf der Rückseite des Fotos fand ich eine Notiz: *Abiturtreffen, 1983*. Ich drehte das Foto wieder um, suchte nach meiner Mutter und entdeckte sie in der letzten Reihe. Ich erkannte sie kaum, denn aus dieser Lebensphase gibt es nur wenige Fotos von ihr, von meiner jüngeren Mutter allerdings gibt es viele.

Ich habe meine Mutter, Jahrgang 1941, immer als mädchenhaft empfunden, das tue ich noch heute. Aber auf diesem Foto, umgeben von Gleichaltrigen und im Hintergrund, wirkte sie fremd auf mich. Eigentlich war meine Mutter damals noch relativ jung. Zumindest würde ich das heute so sagen. Sie und ihre Mitschülerinnen waren gerade einmal Anfang vierzig. Als ich das Foto von ihrem Abiturtreffen fand, ging ich bereits auf die fünfzig zu.

Warum kamen sie mir so anders vor als gleichaltrige Frauen heutzutage? Das liegt wohl an mir, dachte ich, an meinem Blick auf die Generation vor mir. Eltern sind nun mal die viel Älteren, das beschreibt schon der Begriff: »Eltern« kommt aus dem Westgermanischen und ist die Steigerung der Pluralform von »alt«. Auch meine beiden Töchter, nach 2000 geboren, nehmen mich älter wahr, als ich mich selbst empfinde.

Zugleich zeigten die Gesichter auf dem Foto aber kaum Spuren des Alters. Stattdessen kam es mir so vor, als hätten diese Frauen, die sich nur selten trafen, unabhängig voneinander beschlossen, einem bestimmten Bild zu entsprechen – in ihrer Körperhaltung, ihrem Blick, ihrer Ausstrahlung; nämlich dem Bild von Frauen, die angekommen sind: in einem Leben mit soliden Umrissen, an denen sich nicht mehr viel ändern würde. Oder dürfte?

Einige von ihnen waren wie meine Mutter Lehrerinnen geworden, andere Ärztinnen, wieder andere Hausfrauen. Dies war eine Generation, in der die Frauen in großer Zahl vorgezeichnete Wege verließen. Viele von ihnen waren in ihren Familien die Ersten, die Abitur machten. Ich kenne die Geschichten aus ihrer Schulzeit in den 1950er-Jahren: Manche von ihnen mussten mit der Bahn weite Wege aus ihren kleinen Wohnorten in die Stadt zurücklegen, um dort das Gymnasium zu besuchen. Meine Mutter stand morgens um sechs Uhr auf, jeden Schultag. Die Wärme des Kohleofens hatte die Räume im Winter längst verlassen, die dünnen Fenster waren mit Eisblumen überzogen. Um kurz vor sieben fuhr die Dampflok los. Auf der Fahrt rauchten die Mädchen, jedenfalls manchmal. Sie taten es, um sich ihre Jugend und ihre Unabhängigkeit zu beweisen. Sie spielten Karten, sie trugen Pumps, auch im Winter, denn flache Schuhe erinnerten sie an die Nachkriegszeit, die sie alle endgültig hinter sich lassen wollten.

Wenn sie damals aber so vieles dafür getan hatten, um ins Offene, Neue aufzubrechen, warum schien es dann so, jedenfalls auf diesem einen Bild, als hätten sie später, im Alter von

Anfang vierzig, keine Erwartungen mehr, als hätten sie die Zeit absichtlich vorgedreht, sich älter gemacht, als sie eigentlich waren? Ich stutzte, überlegte und sah mir das Foto noch mal genauer an. Da hatte sich doch etwas verändert, da war doch etwas passiert? Was genau, war mir zu diesem Zeitpunkt noch nicht klar, aber ich spürte, dass Frauen meiner Generation in der Lebensmitte ein anderes Selbstverständnis haben, als ihre Mütter es in diesem Alter hatten – haben durften.

Noch ein Klassentreffen

Zwei Wochen nachdem ich das Foto gefunden hatte, fuhr ich zu meinem eigenen Klassentreffen. Dreißig Jahre war mein Abitur nun her. Ich hatte das Foto mit meiner Mutter noch vor Augen, als ich den Raum betrat, in dem gefeiert wurde. Meine Mitschülerinnen kamen mir anders vor als die Frauen auf dem Foto und bestätigten so das Gefühl, das ich gehabt hatte, als ich das Klassenfoto meiner Mutter betrachtete. Ein einheitlicher Stil war hier für mich nicht zu erkennen – wirkten sie deshalb jünger? Und sind das, so fragte ich mich, überhaupt passende Kategorien? Jung, alt? Mein Eindruck ergab sich eher unbestimmt aus ihrer Haltung, ihrem Auftreten. Oder wollte ich das nur so sehen? Aus Eitelkeit? Weil ich mir einzureden versuchte, wir seien eine Generation, die vom Vergehen der Zeit verschont bliebe? Der Gedanke war mir so unangenehm, dass ich ihn nicht aussprach.

Es waren andere, die die Frage formulierten, die auch mich beschäftigte: Kann es sein, dass Frauen um die Fünfzig heute nicht mehr dem Bild entsprechen, das wir selbst noch von ihnen im Kopf haben? Es ist merkwürdig: Unsere Wahrnehmung von uns selbst deckt sich nicht mit diesem bestimmten Bild, und doch erwarten wir erst einmal, dass andere diesem Bild entsprechen müssten. Das heißt doch dann nichts anderes, als dass die Bilder von außen – sagen wir: die tradierten Bilder, die Bilder, die die Gesellschaft produziert – prägender für unseren Blick auf andere sind als unsere Erfahrungen mit uns selbst.

Zu Beginn des Treffens hielt eine ehemalige Mitschülerin eine Rede und sagte, wir mögen uns nun, hier und heute, an die Leichtigkeit zurückerinnern, die wir zu Schulzeiten gehabt hätten. Ich versuchte es. Es gelang mir nicht.

Jugend bedeutet nicht unbedingt Leichtigkeit. Die Jugend ist eine Zeit der Erwartungen, der eigenen sowie die der anderen an einen selbst. So sehr der Wohlstand eines Landes und vor allem Frieden das Leben erleichtern, auch, weil sich dadurch die Chancen jedes Einzelnen verbessern, so hat dieses Glück auch eine Kehrseite: Mit den Chancen steigen die Erwartungen. Gerade im Übergang von der einen in die andere Lebensphase und gerade an der Schwelle zum Erwachsenwerden entstehen die großen Fragen: Wer bin ich? Wie finde ich ein mir gemäßes Leben?

In den längeren Gesprächen an jenem Abend habe ich kein Bedauern über den Verlust einer Leichtigkeit oder der Jugend wahrgenommen. Natürlich wurden über den Stress der Lebensmitte die üblichen Witze gemacht, doch die schwammen an der Oberfläche und standen in einem merkwürdigen Gegensatz zu dem, was die ausführlicheren Gespräche ausdrückten: Gelassenheit, eine freudige Überraschung darüber, dass diese Lebensphase eher Bereicherung mit sich bringe als Verlust; wesentliche Entscheidungen sind getroffen worden, nicht immer waren es glückliche, und auch jede glückliche Entscheidung, so erkennt man in diesem Alter, hatte ihren Preis. Niemand, der ehrlich zu sich und zu anderen ist, kann behaupten, alles zu haben. Die ehemaligen Mitschülerinnen aus der Kleinstadt erzählten von den Vorteilen, dort zu leben, von kurzen Wegen, dem guten Kontakt zu den Nachbarn, aber auch davon, dass ihnen manchmal die Großstadt fehle. Wer das Glück einer langen Liebesbeziehung gefunden hatte, musste sicher mit den Eigenschaften der Partnerin, des Partners leben lernen, die nicht den eigenen Sehnsüchten und Bedürfnissen entsprachen. Manche wünschten sich wohl, wenn auch nur für Momente, einmal wieder verliebt zu sein, ein Gefühl, das mit Fremdheit einhergeht und durch Vertrauen verschwindet. Wer sich hingegen aus einer schwierigen Ehe gelöst hatte, freute sich auf einen Neuanfang, durchlebte aber auch die Ängste, die damit verbunden sind.

Die Erfahrung des Älterwerdens ist die der Ambivalenz. Und die der Akzeptanz der Ambivalenz. Im besten Fall bringt das jene Gelassenheit mit sich, die an diesem Abend zu spüren war.

Mütter und Freundinnen

Über Silvester hatte ich die Wohnung einer Freundin angemietet. Sie war wegen einer plötzlichen Trennung nach vielen Ehejahren in eine andere Stadt gezogen. Ich wollte ein Gefühl dafür bekommen, wie es ihr hier ging. Außerdem bin ich immer gern in ihren Wohnungen gewesen, sie sind für mich eine Art zweites Zuhause und eine Antwort auf die Frage, wie andere Frauen ihr Leben meistern. Die Orte, die sich Menschen wählen, sagen einiges über sie aus. Orte prägen Menschen und werden umgekehrt von ihnen geprägt. Und die Orte, die sich Menschen selbst geschaffen haben, lassen besonders viel über sie erkennen.

Die Wohnung der Freundin versammelte Dinge aus vielen Jahrzehnten: Die Chaiselongue hatte sie sich gekauft, als sie nach dem Abitur in einem Einrichtungshaus arbeitete. An dem langen Tisch dort in der Mitte des Raumes hatten ihre und meine Familie an so vielen Abenden zusammengesessen, früher, als unsere Kinder noch klein gewesen waren. Der Schreibtisch am Fenster zum Innenhof stammte von ihren Eltern aus den 1960er-Jahren. Um die Schreibtischlampe herum waren ungerahmte Fotos aufgestellt. Ein schwarz-weißes zeigte sie in Latzhosen, als kleines Kind, zusammen mit ihrer schönen Mutter – es muss in Rom gemacht worden sein, wo meine Freundin aufgewachsen ist. Daneben lehnte ein Farbfoto, eine Nahaufnahme von ihrem inzwischen verstorbenen Vater gemeinsam mit ihrer Mutter. Zwischen den beiden Fotos mussten fünfzig Jahre liegen, ihre Mutter war aber sofort wiederzuerkennen: Ihr Haar war nun nicht mehr braun, sondern grau, und natürlich sah man, dass sie auf dem einen Foto eine junge Frau ist und auf dem anderen eine alte, aber sonst war sie sich selbst ähnlich geblieben.

Auch wenn uns das Leben durchrütteln mag, wir immer wieder etwas Neues beginnen, ob wir das nun wollen oder nicht, wir unaufhaltsam älter werden, sich die Art zu leben von der einen zur anderen Generation hier und da unterscheidet – die Mutter meiner Freundin war beispielsweise nie berufstätig –, ist doch alles, was wir sind, von dem, was vorher war, beeinflusst. Meine Freundin ist eine berufstätige Frau, aber in vielem knüpft sie an das Leben ihrer italienischen Mutter an. Sie kombiniert ihre Eigenständigkeit mit einer entschiedenen Form traditioneller Weiblichkeit: Ihre Frisur hat sich verändert, die Rocklängen auch, je nach Mode, und doch wirkt sie durch ihren eleganten und femininen Stil alterslos, wie zeitenthoben. In meiner Vorstellung steht sie in einem Kleid oder einem Rock, auf den Lippen und den Fingernägeln dasselbe klassische Rot, am Herd. Sie kann das: kochen und sich zugleich an dem Gespräch beteiligen, das um sie herum stattfindet. Durch ihre Mutter ist sie zu der geworden, die sie ist, aber auch durch die Entscheidungen, die sie getroffen hat. In diesen Gegensätzen vollzieht sich der Prozess, den wir alle durchleben: Identifikation und Abgrenzung.

Die plötzliche Trennung von ihrem Mann hat ihr wehgetan, sie aber nicht in ihrem Willen erschüttert, das Leben, wie auch immer es gerade ist, wertzuschätzen und zu genießen. Hier bestätigt sich die Erfahrung meines Klassentreffens: Nicht alles mag gut sein in der Lebensmitte, aber durch die Haltung, die wir zu dem, was ist und wie es ist, einnehmen, kann sich im Erleben vieles zum Besseren wenden. Und: Das Leben bleibt ein Prozess, der auch in der Lebensmitte weiterläuft – eine allgemeine Erwartung, nun angekommen zu sein, ist, anders als in früheren Zeiten, kein Maßstab mehr.

Die Wohnung war neu, aber sie zeigte ein Leben in seiner Kontinuität. Solange dieses Leben währt, gibt es vielleicht Wegmarken, aber keinen Endpunkt. Die Vorstellung, anzukommen, mag beruhigen, aber sie ist eine Illusion. Was wir jedoch aus dieser Erkenntnis machen, ob wir sie als erschreckend oder beglückend empfinden, hängt wiederum von unserer Haltung dazu ab. Wenn wir das Leben als Kontinuum sehen, als ewige Fortsetzung im Wandel, dann setzt sich auch etwas aus unserer Jugend fort, unserer Kindheit, unserer Umgebung; etwas von denen, die vor uns lebten, und denen, die mit uns leben. Wir begegnen uns, wir spiegeln uns in dem oder der anderen, übernehmen manchmal etwas von ihm oder ihr – eine Eigenschaft, eine Vorliebe, eine Geste.

Die Einflüsse anderer Frauen wirken von Generation zu Generation fort, aber sie wirken auch in der eigenen Generation: Meine Schwester und auch meine Freundinnen, so unterschiedlich sie sind – einige haben Kinder, andere haben keine, sie sind heterosexuell oder homosexuell, liiert oder allein, leben in der Klein- oder Großstadt –, sind immer auch meine Vorbilder gewesen. Ja, wir brauchen diese Vorbilder, auch, weil durch sie manchmal Seiten in uns sichtbar werden, die wir vorher gar nicht richtig wahrgenommen haben. Von den Eltern übernehmen wir Empfindungs- und Verhaltensmuster, von den Freundinnen und Freunden übernehmen wir Anregungen: Wie oft habe ich mich mit dieser Freundin über Einrichtungsfragen unterhalten, habe mir genau angeschaut, wofür sie sich in den fünf Wohnungen, die ich kenne, entschieden hat. Ich habe einen anderen Stil als sie, sie liebt die Moderne, das Schlichte, ich mag den Mix verschiedener Epochen, und doch ist es dieselbe Leidenschaft – zu gestalten. Besonders, wenn man eine Leidenschaft teilt, inspiriert man sich gegenseitig. Ich war immer für farbige Wände, und sie hat mir beigebracht, dass Farben mit einem Stich ins Rosa, selbst im Schwarz oder Grau, besonders schön sind.

Wegbereiterinnen

Die Silvestertage in der Wohnung meiner Freundin verbrachte ich auch damit, mir Filme anzuschauen. Ich wollte herausfinden, wie in den Hollywoodfilmen der Gegenwart vom Verliebtsein und der Liebe erzählt wird, wenn deutlich ältere Frauen die Heldinnen sind.

In der Kategorie »Romantic Comedy« sind auf Netflix einige weibliche Hollywoodstars zu sehen, die in ihrem Beruf alt werden durften. Meryl Streep ist Jahrgang 1949 und feierte ihren Durchbruch Ende der 1970er-Jahre mit dem Fernsehmehrteiler *Holocaust*. Jane Fonda ist Jahrgang 1937 und bekam ihren ersten Oscar 1972. Diane Keaton ist Jahrgang 1946 und spätestens seit 1972, als sie im Mafia-Epos *Der Pate* eine Hauptrolle spielte, international bekannt. In ihren neueren Filmen erweisen sich die Liebesgeschichten als genauso kompliziert und aufregend wie in ihren früheren. Liebe ist, so die Botschaft, in all ihren Höhen und Tiefen unabhängig vom Alter.

In Hollywood zählen die perfekt erzählte Geschichte und das Geld. Ein durchschnittlicher Hollywoodfilm kostet mehr als 100 Millionen Dollar und muss weltweit 240 Millionen Dollar einspielen, damit er sich rechnet. Wenn es keinen Markt für diese Schauspielerinnen und für Geschichten über späte Liebe gäbe, würden diese Filme nicht gemacht. Der Markt besteht aus Zuschauerinnen, die etwa im Alter von Streep oder Fonda sind, aber das nötige große Publikum käme nicht zustande, wenn nicht auch Jüngere auf ihrer Suche nach Vorbildern Interesse daran hätten. Sie schauen ängstlich, hoffnungsvoll, sehnsüchtig, neugierig auf die vorhergehenden Generationen und lassen es nicht mehr zu, dass mögliche Vorbilder aus der Öffentlichkeit verschwinden.

Die Frauen meiner Generation hatten Schauspielerinnen wie die genannten, aber auch die frühen Feministinnen als Vorbilder: Simone de Beauvoir, Virginia Woolf, Alice Schwarzer. Viele waren es nicht, aber diejenigen, die es gab, haben jede Anerkennung verdient. Natürlich entwickelt sich der Feminismus, wie sich alles entwickelt, natürlich sehen wir heute manches anders als in früheren Jahren – aber das Ziel als solches hat sich nicht verändert. Wenn wir uns heute glücklich fühlen können, so haben wir das auch den Frauen vorheriger Generationen zu verdanken. Sie haben den Weg bereitet. Die sogenannte vierte Welle des Feminismus, die wir jetzt erleben, wäre ohne deren Radikalität nicht möglich gewesen.

Wenn wir Glück haben, finden wir auch dort, wo wir arbeiten, solche Vorbilder unter den Älteren. Ich habe 1989 bei einer Lokalzeitung angefangen und nach meinem Studium 1994 meine Ausbildung an einer Journalistenschule aufgenommen, seither arbeite ich hauptberuflich als Journalistin. Wie in den meisten anderen Branchen gab es damals auch in den Medienbetrieben kaum Frauen in Führungspositionen. Und selbst Redakteurinnen gab es kaum, und von den wenigen wagten es wiederum noch weniger, Kinder zu bekommen. Das galt als kaum zu vereinbaren mit der unruhigen Arbeit einer Journalistin. Und wenn man Pech hatte – ich hatte es auch, aber meistens hatte ich Glück –, waren die wenigen Frauen, mit denen man zusammenarbeitete, nicht besonders nett. Eine der Kolleginnen, die es immer gut mit mir meinten, stand um meinen dreißigsten Geburtstag herum in meiner Tür, gratulierte mir und sagte: »In unserem Beruf gibt es für Frauen kein richtiges Alter, es gibt nur zu jung oder zu alt.«

Als ich die Kollegin achtzehn Jahre später noch einmal besuchte, sagte sie, die Frauen ihrer Generation hätten mehr zusammenhalten sollen. Sie bedauere es sehr, dass sie das nicht geschafft hätten. Doch dafür gab es Gründe: Um überhaupt arbeiten zu können, waren sie abhängig von der Gunst von Männern, die mächtiger waren als sie und sie zu Konkurrentinnen machten. Der schreibende Journalismus ist ein Wettbewerb um Platz – wie viele Seiten, wie viele Zeilen? – und um gute Themen. Welche Themen gut sind und wie viel Platz ihnen eingeräumt werden sollte, bestimmten Männer.

Vieles hat sich verbessert seitdem, doch der Gleichheitsgrundsatz, den die Verfassung vorschreibt, ist noch nicht erfüllt. Dennoch sind inzwischen auf allen Ebenen Frauen vertreten, und wir sind insgesamt mehr. Und falls die Jüngeren sich orientieren wollen, haben sie die Auswahl.

Eines meiner Vorbilder unter den fünfzehn, zwanzig, dreißig Jahre älteren Frauen, eine meiner Wegbereiterinnen, ist Susanne Mayer, Jahrgang 1952. Sie schrieb in der *Zeit* über Politik, Feminismus und Mode, über Sachbücher und Literatur.

Wenn die Vorabexemplare am frühen Donnerstag in die Redaktion kamen, suchte ich nach ihren Texten. Und als ich im Jahr 2009 gefragt wurde, ob ich einer Jury in München beitreten wolle, sagte ich auch deswegen zu, weil ich wusste, dass Susanne Mayer ebenfalls dabei sein würde. Wir kannten uns nicht, doch nach der ersten Jurysitzung gingen wir gemeinsam auf den Marienplatz und tranken Kaffee: Susanne Mayer und Susanne Beyer, so wie wir von nun an noch öfter, manchmal im Abstand von Jahren, zusammensitzen würden. Irgendwann wechselten wir vom Kaffee zu Cocktails: Das war Susannes Idee.

Susanne hat sich viel mit dem Älterwerden beschäftigt und schrieb dazu eine wöchentliche Kolumne in der *Zeit*. Deswegen wollte ich sie jetzt treffen, um mit ihr über meine Beobachtungen und Überlegungen zu Frauen in der Lebensmitte zu sprechen. Wir trafen uns in ihrem Lieblingscafé in Berlin, das zufällig auch meines ist. Als sie hereinkam, hatte sie ihr Smartphone in der Hand und zeigte mir ein Foto vom Schaufenster eines Brillengeschäfts. In der Mitte war ein Plakat zu sehen, auf dem die Künstlerin Ulrike Ottinger, Jahrgang 1942, sowohl für modische Brillen als auch für ihre nächste Ausstellung warb. Ottinger trug graue Locken, einen Hosenanzug, eine Sonnenbrille. »Eine solche Werbung hätte es doch früher nie gegeben«, sagte Susanne: eine Frau in ihren Siebzigern als Model.

Susanne war mit ihrem Hund hereingekommen, und mir fiel sofort ihre Rezension zum Buch *Mutprobe* der Journalistin Bascha Mika, Jahrgang 1954, ein: Mika schreibt, Frauen würden aufgrund ihres Alters nicht mehr wahrgenommen, sie würden »unsichtbar«. Susanne hatte in ihrem Text sofort eine Lösung dafür parat: »Gegen die gefährliche Unsichtbarkeit auf Zebrastreifen hilft ein Hund, NIE würde jemand in Deutschland freiwillig einen Hund überfahren.«

Ihr eigenes Buch, *Die Kunst, stilvoll älter zu werden,* versammelt ihre Kolumnen aus der *Zeit* zu diesem Thema. Susanne erzählt darin, wie Frauen durch den Blick anderer älter gemacht würden, als sie sich fühlten. Für dieses Buch gab es einen konkreten Anlass, eine Szene im Straßenverkehr, in der sie von einem Mann in einem Cabrio als »dumme alte Fotze« bezeichnet wurde, ihr erstes »Altersbashing«, wie sie das nennt. »Für Sie immer noch Dr. phil., Sie Arsch«, war ihr dabei durch den Kopf geschossen.

Beim Kaffee erzählte Susanne, der Mann hätte ihr Alter damals unmöglich einschätzen können: Sie hätte eine große Sonnenbrille getragen, und ihre Haare hätten bis auf ein paar hauchfeine silbrige Strähnen auch heute noch dieselbe Farbe wie in jüngeren Jahren. »Die alte Frau«, so sagte Susanne, sei das Schimpfwort schlechthin. »Wir leben im Schatten eines Vorurteils, das mächtig ist – auch bei mir.«

Wir fingen an, darüber nachzudenken, was das bedeutete. Natürlich sind es auch Frauen, die andere Frauen so kritisch sehen, dass sie etwas bedienen, was wir »System der Entwertung« nennen könnten. Wir stellten uns die Frage, ob das auch damit zu tun haben könnte, dass sich Bilder und Zuschreibungen in unseren Köpfen halten, denen wir selbst gar nicht mehr entsprechen, wie ich es bei meinem Klassentreffen festgestellt hatte. Wir sprachen über Hillary Clinton, die gescheiterte Präsidentschaftsbewerberin im US-Wahlkampf 2016. Die Mehrheit der weißen Frauen hatte 2016 nicht für Hillary Clinton gestimmt, sondern für ihren Widersacher, Donald Trump, der sich im Wahlkampf abwertend und sexistisch über Frauen geäußert hatte. Es gab politische Gründe, die durchaus gegen Clinton sprachen, doch wenn wir das weiterdenken, was Susanne im Straßenverkehr passiert ist, spielte ganz sicher ein anderes Motiv ebenfalls eine Rolle: Die Vorurteile gegen Frauen, die nicht mehr jung sind – Vorurteile, die selbst Frauen übernehmen, weil sie von denselben Diskursen, Zuschreibungen und Bildern geprägt sind wie Männer.

Die Frau eignet sich generell eher als, sagen wir, Projektionsfläche als der Mann, die sogenannte alte Frau umso mehr, weil sie, im Gegensatz zum sogenannten alten Mann, nicht mit Weisheit in Verbindung gebracht wird, sondern mit Schwäche – damit, überflüssig zu sein. Ein Mann hingegen wird aufgrund überlieferter Bilder und Rollen als Autorität wahrgenommen, deren Grenzen man respektieren muss.

Susanne war seit Kurzem im Ruhestand und von Hamburg nach Berlin gezogen. Sie hatte viele Pläne. Sie würde weiterhin schreiben, »jeden Tag zwei Stunden«, an Büchern vor allem, und vielleicht würde sie in einer Partei arbeiten. Sie nehme die Zeit, in der wir leben, als unruhig wahr, sagte sie, die Demokratie als gefährdet, es sei nötig, politisch etwas zu tun. Vor allem fühle sie sich durch den Ruhestand jetzt freier als früher, sie könne arbeiten, müsse es aber nicht. In unserem Gespräch wurde deutlich, dass sie weiterhin mitten im Leben steht und daran teilnimmt, den Ruhestand nicht als das Ende des eigenen Schaffens, sondern als einen neuen Lebensabschnitt, als neue Chance betrachtet. Dafür gibt es bisher kaum Vorbilder. Susanne Mayer aber ist eines – schon wieder.

Als sie das Café verließ, baumelnde Ohrringe unter der Mütze, den Hund an der Leine, wirkte sie glamourös und – dieser Begriff fiel mir ein – alterslos. Sie strahlte etwas aus, was der Begriff »Grandezza« auf den Punkt bringt, ein Begriff, der selten für junge Frauen verwendet wird. Er hat wohl etwas mit Lebenserfahrung zu tun, mit Weisheit, mit Würde. Und mit einer Körperhaltung, die aussagt: Ich fühle mich gut, ich bin mit mir im Reinen.

Und dann bereitete ich meinen fünfzigsten Geburtstag vor. Ich freute mich auf dieses Fest. Nach Jahren mit viel zu viel Arbeit nahm ich mir eine Weile frei und wollte etwas tun, was ich seit Langem nicht mehr gemacht hatte: richtig feiern. Ich hatte wenig Routine damit, deswegen würde es kein großes Fest werden, aber ich wollte mich auf jeden Fall bei denen bedanken, die mir auf meinem Weg nahe gewesen waren. Voller Vorfreude suchte ich nach einem Ort, gestaltete die Einladungskarten, bestellte Blumen für die Dekoration und hörte bei all den Vorbereitungen von Jüngeren ständig die Frage: Fünfzig? Und keine schlechte Laune?

Nein, keine schlechte Laune. Im Gegenteil. Da waren nur Freude, Hoffnung und ja, auch ein bisschen Stolz: Ich hatte keine leichten Jahre hinter mir, aber ich war da durchgekommen und hatte nicht das Gefühl, mich dabei selbst verloren zu haben. Mir fiel ein Lied ein, wie uns ständig Lieder einfallen, ob wir sie nun mögen oder nicht: Elton John – »I'm still standing, yeah, yeah, yeah.«

Je mehr ich mich mit dem Thema Frauen in der Lebensmitte beschäftigte, desto häufiger stieß ich auf Hinweise, die mein Lebensgefühl bestätigten. Zum Beispiel diesen Artikel in der *Zeit*. Die dreiunddreißigjährige Autorin Nadja Schlüter berichtet davon, dass sie »verliebt« sei. Und zwar in Gillian Anderson, die in der Netflix-Serie *Sex Education* Jean Milburn, eine alleinerziehende Mutter und Sexualtherapeutin, spielt: »Was für eine tolle, vielschichtige Figur, verkörpert von einer tollen Frau. Wäre ich ein Emoji, hätte ich in diesen Momenten Herzchenaugen.« Und dann: »Gillian Anderson ist 51 Jahre alt.« Bisher, so schreibt die Autorin, habe sie Angst davor gehabt, »einmal eine Frau um die 50 zu sein«.

Wir alle kennen diese Sprüche: Vierzig sei das neue Zwanzig, Fünfzig das neue Dreißig – Sprüche wie Trostpflaster, die im Grunde nicht mit Zuschreibungen aufräumen, sondern diese sogar noch festschreiben, weil sie nahelegen, dass das Älterwerden etwas Furchterregendes ist. Der *Zeit*-Artikel bestätigt, dass Frauen in der Lebensmitte Jüngeren ein Vorbild sein können, so wie auch ich es erlebt habe und weiterhin erlebe. Doch anders als in meiner Generation gibt es jetzt viel mehr von diesen Vorbildern: Auf einmal seien da so viele »toughe, oft bewundernswerte Frauen jenseits der Vierzig«, schreibt die *Zeit*-Autorin. »Im Kino und im Fernsehen, auf Podien, auf wichtigen Posten und in der Politik. Ich finde das großartig.« Sie zählt Beispiele aus der Popkultur und aus ihrem Umfeld auf, jubelt: »wow – sind die toll«, und sagt: »So will ich sein! So selbstbewusst und gelassen, so sehr at ease.«

Fünfzig ist also nicht das neue Dreißig, Fünfzig ist das neue Fünfzig, weil sich das Verständnis – und auch das Erleben – von diesem Alter verändert hat. Es gibt zahlreiche Studien, Aufsätze, Artikel, Bücher und Essays, die sich mit dieser Entwicklung beschäftigen. Heutzutage ist etwas möglich, das die Schweizer Psychologin Pasqualina Perrig-Chiello, Autorin des Buches *In der Lebensmitte,* »das Primat des individualisierten Glücks« nennt. Moralisch gesehen werde Menschen nicht mehr viel vorgeschrieben, sie müssten kaum Rücksicht nehmen und könnten ihr Leben so gestalten, wie es ihnen gefalle: einen neuen Job suchen, sich einen anderen Beruf aneignen oder sich nach einer Trennung neu verlieben. Diejenigen, die heute in der Lebensmitte angekommen seien, hätten Freiheiten, die frühere Generationen nicht im Geringsten gehabt hätten.

Diese Freiheiten haben zur Folge, dass man es eben nicht mehr anstreben muss, irgendwo anzukommen, wie noch die Generation unserer Mütter. Das bewirkt, dass wir in Bewegung bleiben – ein Privileg, das früher der Jugend vorbehalten war. Der US-amerikanische Kulturphilosoph Robert Pogue Harrison argumentiert in seinem Buch *Ewige Jugend:* Es sei heutzutage nicht möglich, ein Individuum einer Lebensphase sicher zuzuordnen. Das Wissen um das Geburtsdatum reiche nicht aus, somit sei auch die althergebrachte Unterscheidung zwischen Jung und Alt überholt.

Die Medizin hat große Fortschritte gemacht, harte körperliche Arbeit ist in der westlichen Welt so selten geworden, dass sich immer mehr Menschen gerade in der Lebensmitte gesund fühlen. Das gilt leider noch nicht für alle, aber für einen so großen Teil der Bevölkerung wie noch nie in der Geschichte der Menschheit. In Deutschland zum Beispiel ist es binnen einhundertdreißig Jahren gelungen, die durchschnittliche Lebenserwartung mehr als zu verdoppeln. Wenn wir ab der Lebensmitte also noch erwarten können, eine längere Zeitspanne bei guter Gesundheit vor uns zu haben, können wir versuchen, sie bewusst zu gestalten, uns weiterentwickeln, korrigieren oder sogar etwas Neues beginnen. In diesem Sinne plädiert der Feuilletonist Claudius Seidl in seinem Buch *Schöne junge Welt* dafür, die »ungeheuren Ressourcen an Jugendlichkeit«, die die heute Vierzig-, Fünfzig-, Sechzigjährigen in der westlichen Welt bereitstellten, zu nutzen. Seidl hält dies sogar für eine »ökonomische Notwendigkeit«.

Es ist nicht nur eine ökonomische, sondern auch eine gesellschaftliche Notwendigkeit, so habe ich den Eindruck: Wenn wir den Blick auf die vielen Probleme der heutigen Zeit richten, dann wird schnell klar, dass es besser ist, wenn sich möglichst viele Menschen aufgerufen fühlen, sich diesen Problemen zu stellen – je mehr, desto besser. Pflegenotstand, Klimawandel, Kriege – es braucht Menschen, die sich zutrauen, sich den Herausforderungen zu stellen, und die im guten Sinne selbstbewusst sind. Selbstbewusstsein ist das Gegenteil von Narzissmus. Es kann wehtun, sich seiner selbst bewusst zu werden, denn niemand entspricht seinem eigenen Ideal. Aber stark ist nur, wer das schafft: sich selbst als die- oder denjenigen kennenzulernen, die oder der man wirklich ist.

Anders als in der Jugend wissen wir in der Lebensmitte meist, was wir wollen. Wir erkennen besser, was wir zu leisten imstande sind. Wir beginnen, uns stärker als zuvor darauf zu konzentrieren, was uns guttut, und es fällt uns immer leichter, das auch umzusetzen. Einige Fragen sind beantwortet, vielleicht sind sie nicht glücklich beantwortet, vielleicht ist da ein Schmerz, mit dem es zu leben gilt, aber allein die Erkenntnis, dass etwas Grundlegendes so ist, wie es nun mal ist, kann eine Befreiung sein. Wir können also auf so vieles stolz sein, in der Lebensmitte, mindestens auf das: *still standing*.

Es hat sich tatsächlich etwas verändert: Diese soziologischen und medizinischen Erkenntnisse, der Artikel in der *Zeit*, das Foto im Wohnzimmer meines Elternhauses, mein Klassentreffen, Freundinnen, Begegnungen, Gespräche und schließlich mein eigenes Empfinden im Hinblick auf das Älterwerden – all das macht es deutlich: Eine neue Generation von Frauen ist in der Lebensmitte angekommen. Eine Generation, die heute mehr Freude, Glück, Gelassenheit empfindet als in jüngeren Jahren und im Bewusstsein von Selbstwirksamkeit voller Zuversicht in die Zukunft blicken kann.

So entstand die Idee zu diesem Buch. Ich war neugierig, ob sich dieser Eindruck bestätigen würde und erstellte eine Liste von Frauen, die die Lebensmitte gerade erreicht, sie bereits hinter sich haben oder gerade mittendrin sind. Bekannte und unbekannte Frauen, Frauen, auf die ich neugierig war, weil sie meiner Ansicht nach diese Veränderung verkörpern.

Ich zeige sie in ihrem Lebensumfeld und ihrem Werdegang und spreche mit jeder stellvertretend über ein bestimmtes Thema, das jedes (Frauen-)Leben prägt. So soll deutlich werden, wie sie in der Lebensmitte mit diesem Thema umgehen.

Darunter sind ungewöhnlich erfolgreiche Frauen, aber auch solche, die scheiterten und gelernt haben, damit umzugehen. Bei den prominenten Frauen mag alles etwas größer scheinen als bei anderen, aber die Konflikte, die sie erleben, sind oft dieselben wie die von Frauen, die nicht in der Öffentlichkeit stehen. Und weil die Dinge größer sind, sind sie sichtbarer, sind sie deutlicher zu fassen.

Doch man muss kein außergewöhnliches Leben führen, um ein Vorbild zu sein. Es kommt auf die Haltung an, nicht auf das, was wir Erfolg nennen. Ich frage sie alle, wie ihr Leben, ihr Alltag aussieht, wie sie sich fühlen, auch im Vergleich zu früher, oder, um es akademisch auszudrücken, welchen Entwurf von Weiblichkeit sie für sich gefunden haben.

Auf diese Weise sollen neue Perspektiven geschaffen werden, und es soll eine positive Erzählung der Lebensmitte aus weiblicher Sicht entstehen. In diesem Sinne erklärt auch der amerikanische Neurowissenschaftler Daniel Levitin in seinem Buch *Successful Ageing*, die gesellschaftlichen Bilder, die wir uns machten, seien auch davon abhängig, welche Geschichten wir uns über uns selbst erzählten.

Gesellschaftliche Bilder entstehen auch über Sprache. Ich habe nicht das beste Gefühl dabei, aber ich werde hier weder das Gendersternchen noch das Binnen-I verwenden, weil es mich selbst in meinem Lesefluss stören würde. Die Debatten darüber, wie Sprache Wirklichkeit schafft, sind nötig und wichtig, ich habe aber noch keine Lösung gefunden, die meinem Sprachgefühl entspricht, zumal sich auch in der öffentlichen Debatte noch kein einheitlicher Weg, mit diesem Thema umzugehen, gefunden hat. Ich nenne die weibliche und die männliche Form gleichermaßen, wo es mir richtig erscheint, an einigen Stellen entstünde aber auch dadurch ein solches Gestolper, dass ich es bei der männlichen Form im Plural belasse, in der Hoffnung, dass auch diejenigen sich angesprochen fühlen, die sich durch diese Formen nicht repräsentiert fühlen, und mit der Bitte, mir zu glauben, dass ich über dieses Thema weiterhin nachdenken werde.

»Freude ist eine Form des Widerstands«, sagte die R&B-Sängerin Alicia Keys bei einer Veranstaltung im Vorfeld der US-amerikanischen Präsidentschaftswahlen im Herbst 2020. Und das stimmt, auch in Bezug darauf, wie wir uns selbst sehen und wie wir gesehen werden. Wenn wir einstimmen in die Klagen darüber, was uns Frauen alles verloren geht, wenn die jungen Jahre hinter uns liegen, bestätigen wir den patriarchal geprägten Blick auf uns und damit auch den Glaubenssatz, dass jüngere Frauen mehr wert seien als ältere. Wenn wir aber die Perspektive wenden und schauen, was an Gutem da ist, wenn wir eine neue Erzählung über uns finden, befreien wir uns von Zuschreibungen, deren Funktion darin liegt, uns kleinzumachen.

Frauen, die sich des Lebens freuen, sind stark, sie sind anziehend, und sie stellen Machtverhältnisse infrage, die im Grunde alle beschränken, auch diejenigen, die vermeintlich davon profitieren: Das Bild des ewig kraftstrotzenden Mannes kann genauso erdrückend sein wie das der mit dem Älterwerden gestraften Frau. Glück ist ein Geschenk, ja, aber glücklich zu sein kann auch zum Vorsatz werden, jedenfalls wenn die Voraussetzungen dafür einigermaßen stimmen. Glücklichsein über das Leben, das uns geschenkt wurde, glücklich über die anderen, die uns umgeben, glücklich über uns selbst.

Heute

Geist

Die Lehrstuhlinhaberin Henrike Lähnemann und die Ausdehnung des Denkens

Eine Universitätskarriere ist anstrengend: die kurzfristigen Verträge vor einer Professur, die Unsicherheit, ob und wie es danach weitergeht, Existenzängste und ein hoher geistiger Anspruch. Aber Henrike Lähnemann hat das alles geschafft. Denn ihr Fach, die Sprache und die Literatur des Mittelalters, ist voller Geheimnisse, und es hat ihr schon immer Freude gemacht, über den uralten Handschriften zu sitzen, in die Welt des Mittelalters einzutauchen, mit den Händen über die Seiten mit der unregelmäßigen Struktur zu streichen, in die sich für Jahrhunderte die Tinte eingesaugt hat. Alles kann etwas bedeuten, jedes durchgestrichene Wort, jeder Tintenfleck kann eine Botschaft aus der Vergangenheit enthalten.

Die Wissenschaft erfordert Konzentration und Rückzug, schon die Nonnen und Mönche des Mittelalters hatten die Abgeschiedenheit der Klöster genutzt, um dort zu forschen, aber auch um Geist und Seele in Balance zu halten. Henrike Lähnemann, geboren 1968, konnte es immer genießen, sich zurückzuziehen, sie war und ist ein Büchermensch, ein Geistesmensch, ein Archivmensch, aber sie wusste auch, dass ihr in dieser Einsamkeit etwas fehlte, was für sie selbst und für ihr Fach ebenfalls wichtig ist: sich mit Forschungskolleginnen und -kollegen zu verbinden, denn durch das Wissen anderer und den Austausch mit anderen wächst auch der eigene Geist. Freundschaften außerhalb der Universitäten sind für jede Wissenschaftlerin und jeden Wissenschaftler wichtig, sowieso, aber auch, um zu erfahren, wie die Fragen von heute lauten, denn sie können einem dabei helfen, den Blick auf das Gestern zu verändern und es neu zu verstehen.

Aber in Bamberg, wo Henrike Lähnemann hauptsächlich studierte, war sie nie mit dabei, wenn die anderen beim Picknick am Fluss oder in den Biergärten saßen. Sie ging für ein Jahr nach Schottland, versuchte es danach mit einem Studium in Berlin, kam aber auch da nicht recht an: Es war die Zeit nach dem Beginn der deutschen Einheit, Berlin war ein Chaos, und die Germanistische Fakultät lag in einem asbestverseuchten Gebäude, das saniert werden musste. Sie ging bald wieder nach Bamberg zurück und von dort nach Tübingen. Egal, in welcher Stadt sie gerade lebte – da war immer viel zu tun, und ihr war immer auch ein wenig einsam zumute.

Heute lebt und lehrt Henrike Lähnemann in Oxford. Sie ist die erste Frau an der Fakultät für Mittelalterliche und Moderne Sprachen, die einen der *Statutory Chairs* erhalten hat. Das war im Januar 2015. Statutarische Professorin ist der Titel, der in Oxford als Bezeichnung für Lehrstuhlinhaber verwendet wird, höher als der *Personal Chair*, auf den Frauen schon vorher gekommen waren.

Sie eilt über Kopfsteinpflaster und schief getretene Treppen, grüßt nach rechts und links, bespricht mit dem Verkäufer einer Obdachlosenzeitschrift die Nachrichtenlage, mit einer amerikanischen Kollegin das Programm des Collegechors – Henrike Lähnemann singt hier im Sopran –, mit ihrer Pfarrerin, die sie zufällig an der Bushaltestelle trifft, wie sie sich demnächst gemeinsam von dem Turm gegenüber der Bushaltestelle abseilen möchten, um für einen guten Zweck zu sammeln.

Das Leben von Henrike Lähnemann sieht heute ganz anders aus als während ihrer Studienzeit und ihren Dreißigern; es ist gefüllt mit Ideen, Projekten, mit Energie und – das ist der größte Unterschied zu früher – mit Menschen: mit Freunden und Freundinnen, mit Bekannten, Kolleginnen und Kollegen. Am Eingang ihres Colleges, unter einem neoklassizistischen Bogen, bespricht sie sich mit einem Bibliothekar, der Anzughose und Weste zum lässigen weißen Hemd trägt und sie neugierig durch seine runde Brille anschaut. Er sieht aus, als sei er zu einem Filmset von *Harry Potter* unterwegs, aber es ist nur das Seminar zur Bibliothekskunde, das er gleich halten wird. Henrike Lähnemann beugt sich mit ihm über ein jahrhundertealtes dickes Buch mit Ledereinband. Auf der Seite, die die beiden aufgeschlagen haben, sind Zeichnungen und eine ganze Reihe von Zahlen zu sehen. Wie alle Bücher der frühen Neuzeit ist auch dieses ein Unikat von unschätzbarem Wert – der Bibliothekar trug es unter dem Arm, als wäre es die Zeitung von heute.

Zum Mittagessen geht Henrike Lähnemann in ihr College St. Edmund Hall. Alle *Senior Members* des Colleges sitzen hier an langen Tafeln, der Saal summt vor Gesprächen. Es sind die Wissenschaftlerinnen und Wissenschaftler des Colleges und die Führungskräfte der Verwaltung. Henrike Lähnemann setzt sich an einen Tisch zu einem chinesisch-amerikanischen Physiker und zu einer georgischen Erziehungswissenschaftlerin. Bis zu ihrem Lebensende können die Professorinnen und Professoren hier drei Mahlzeiten am Tag bekommen. An den Pforten der Colleges kümmern sich Pförtner um die Post, sie nehmen Anrufe entgegen und wissen immer, wer sich gerade wo aufhält. Alles ist hier darauf angelegt, dass sich die Forscherinnen und Forscher auf ihr geistiges Wachstum konzentrieren können.

Bevor sie nach Oxford ging, hatte Henrike Lähnemann überlegt, ob sie sich als Äbtissin in einem evangelischen Frauenkloster bewerben sollte. »Aber ich habe in Oxford mein Kloster gefunden«, sagt sie jetzt. Sie wird hier bis zu ihrem Lebensende versorgt und geistig angeregt. Doch von der Ruhe eines Klosterlebens ist hier wenig zu spüren: »Die Einsamkeit, ja, die ist vorbei«, sagt Henrike Lähnemann. »Seit meinem Wechsel nach England.«

Kaum etwas bereichert den Geist so sehr wie ein Wechsel der Perspektiven. Davon jedenfalls ist die Schriftstellerin Siri Hustvedt, die in diesem Buch zum Thema Selbstbestimmung zu Wort kommt und sich viel mit Neurowissenschaft und den Funktionsweisen des Geistes beschäftigt hat, überzeugt. Denn alles, was wir kennenlernten, beeinflusse die Art und Weise, wie wir denken, sagt Hustvedt. Und je mehr wir kennenlernten, desto flexibler reagiere unser Verstand.

Henrike Lähnemann lebte an vielen Orten, im Alter von achtunddreißig Jahren ging sie von Tübingen nach Newcastle, hier bekam sie ihre erste Professur. Zwei Jahre zuvor war ihre Mutter gestorben, und Henrike Lähnemann hatte das Gefühl, eine Generation weitergerückt zu sein, auch das war ein Wechsel der Perspektive. Und jetzt hier in England mit zwei Sprachen zu jonglieren und oft in einer fremden unterrichten zu müssen, forderte ihr zudem einen ständigen Perspektivwechsel ab. Heute sagt sie, sie spreche durch ihre größere Sicherheit im Englischen auch ein reicheres Deutsch.

Als Lehrstuhlinhaberin musste sie nun Verantwortung für andere übernehmen, »sich Netzwerke schaffen«, wie sie das nennt, um ihr Institut am Laufen zu halten. Sie stellte fest, dass sie organisieren und ermutigen kann. Sie wurde Mentorin für den wissenschaftlichen Nachwuchs und Vorsitzende der Organisation »Women in German Studies«.

In Tübingen noch hatte sie sich mit ihren Forschungsinteressen – Handschriften, Buchgeschichte, religiöse Literatur, mittelalterliche Mehrsprachigkeit – »immer am Rand des Forschungsmainstreams bewegt, der auf große Theoriewürfe und konfrontative Thesenverteidigung ausgerichtet war«. Erst an den englischen Universitäten fühlte sie sich frei davon und konnte ihre Arbeit so gestalten, wie sie zu ihr passte. »Das hat einen wirklichen Kreativitätsschub ausgelöst – und neue Lust auf Forschen und Vermitteln gemacht.« In Oxford bekam sie dann – im Alter von sechsundvierzig Jahren – einen der wichtigsten Lehrstühle ihres Fachs, der germanistischen Mediävistik: »Ich habe gemerkt, dass ich mit einer ganz anderen Gelassenheit an die neue Aufgabe gegangen bin, weil ich wusste, dass ich in der Lage bin, mein Umfeld und neue Situationen positiv zu prägen.« Henrike Lähnemann hat sich in der Lebensmitte verändert, hat sich entwickelt. Dadurch änderte sich nicht nur ihre Art, zu denken und auf ihr Fach zu blicken, sondern ihre ganze Art, zu leben und mit anderen Menschen zu sein.

Sie kaufte sich ein Haus, ein ehemaliges Lager, die alten Balken sind im Dachgeschoss noch zu sehen. Im Erdgeschoss liegt ihr Musikzimmer, in dem ein großer Flügel steht. Hier trifft sie sich mit Leuten, die auch gern musizieren. Wenn sie Musik macht, fließt ihr Wissen über die Kultur der Klöster mit ein, sie kann erzählen, wie fröhlich es da zuging, sie hat in alten Schriften »Tanz- und Jubellieder« gefunden. Sie spielt auch auf mittelalterlichen Instrumenten, in Zeiten der Corona-Pandemie unterstützte sie mit Fanfarenstößen von ihrer Dachterrasse aus den Applaus der Oxforder Bevölkerung für Krankenschwestern, Pfleger, Ärztinnen und Ärzte des staatlichen Gesundheitssystems.

Notenlesen erfordert abstraktes Denken, doch beim Musikmachen wirken Geist und Sinnlichkeit ineinander – inzwischen weiß man, dass der Geist nicht von Gefühlen zu trennen ist, dass auch Geist und Körper eng zusammenwirken. Siri Hustvedt sagt dazu: »Das Gehirn, das Nervensystem, das Hormonsystem, das Immunsystem interagieren miteinander und reagieren hochsensibel auf interne und externe Reize.«

Die Entwicklung, die Henrike Lähnemann bis zur Lebensmitte genommen hat, bestätigt auch die Annahme der Hirnforschung, dass durch ein Mehr an Wissen, Erfahrung und Fähigkeiten kreative Verknüpfungen leichter möglich werden. Der Geist hat an Spielmasse gewonnen – und er tut es dann auch: spielen. Durch die schiere Summe an Wissen, das ist in der Forschung auch zu lesen, wird der Mensch aber nicht intelligenter. Es kann sogar sein, dass zu viel Wissen hinderlich ist, denn die Welt bietet ja eine Vielzahl an Sinnesreizen und Assoziationen zu jedem einzelnen Thema. Martin Korte, Professor für Neurobiologie und Autor des Buches *Jung im Kopf*, betont, entscheidend für die Lösung eines Problems sei es, Unwichtiges einfach wegzulassen. Ein erfahrenes Gehirn wisse genauer als ein weniger erfahrenes, nach welchen Informationen es aktiv suchen müsse. Die Fähigkeit, Zusammenhänge zu erkennen und Informationen zu ordnen, nimmt zu, genauso wie die Kreativität. Henrike Lähnemann kann tatsächlich beschreiben, wie schnell sie inzwischen alte Handschriften lesen könne, um die Stellen zu finden, die sie für relevant halte.

Das alte Verständnis von der Einteilung des Lebens in drei Abschnitte ist längst überholt: Früher dachte man, das Leben bestehe aus der Kindheit und Jugend als der Phase des Lernens, der Mitte des Lebens als der Phase, in der das Gelernte angewendet wird, und dem Alter als der Phase der Ruhe. Doch die Forschung belegt heute, wie formbar das Gehirn ist und bleibt, die Grenzen zwischen den Phasen verschwimmen.

Bis in die Zwanzigerjahre des Erwachsenenlebens hinein formen sich zwar die Funktionen des Gehirns in ihren Grundzügen endgültig aus, aber Nervenzellen bilden sich immer wieder neu, Synapsen verschwinden und verbinden sich auf anderen Wegen. Die graue Masse allerdings wird von der Lebensmitte an kleiner. Jugendliche Gehirne tun sich somit leichter, Informationen zu sammeln, doch das ältere Gehirn entwickelt eine sogenannte kristalline Intelligenz: In der Mitte des Lebens haben Menschen immer wieder Lösungen für komplizierte Situationen finden müssen, in ihrem Gehirn haben sich auf diese Weise stabile Lösungswege gebahnt. In der Philosophie und der Geschichte erreichen Wissenschaftlerinnen und Wissenschaftler den Höhepunkt ihrer Leistungsfähigkeit im Alter von etwa sechzig Jahren.

In den Wissenschaften dominieren nach wie vor Männer, doch die heute um die Fünfzigjährigen sind bereits Kinder der Bildungsreform der späten 1960er- und der 1970er-Jahre, die Jungen und Mädchen aus sogenannten bildungsfernen Milieus den Zugang zu höheren Schulen und Universitäten erleichterte. In Großbritannien sind die Traditionen noch einmal anders, doch auch hier rücken Frauen in hohe akademische Ämter vor. Im selben Jahr wie Henrike Lähnemann fing in ihrer Fakultät auch die Britin Catriona Seth als Lehrstuhlinhaberin für Romanistik an. Und wiederum im selben Jahr wurde – 785 Jahre nach Gründung der Universität – die erste Universitätsrektorin berufen: Louise Richardson. Das College, dem Henrike Lähnemann angehört, wird seit Oktober 2018 zum ersten Mal von einer Frau geführt, der Biologin Kathy Willis. Unter den vielen Berühmtheiten, die in Oxford studiert haben, sind auch einige Frauen: die Schriftstellerinnen Dorothy L. Sayers, Antonia Susan Byatt und Vera Brittain, die Philosophin Iris Murdoch, die Politikerinnen Aung San Suu Kyi, Benazir Bhutto, Indira Ghandi und Margaret Thatcher und die Schauspielerin Kate Beckinsale.

Im alten Druckraum der Bodleian Library, der Hauptbibliothek der Universität Oxford, sind mit Wäscheklammern an Schnüren frische Druckbögen mit bunten Motiven befestigt, die auf den mechanischen Druckerpressen, die hier im Raum verteilt stehen, gefertigt worden sind. Die Druckerpressen werden von Hand bedient. Henrike Lähnemann möchte einer Gruppe Studentinnen – nur ein Student ist dabei – mit einer praktischen Übung die Ursprünge des Buchdrucks vermitteln, um die Anfänge einer Revolution anschaulich zu machen, die sich bis heute auswirkt.

Der Student unterhält sich mit einer Studentin. Er macht gerade eine Geschlechtsumwandlung durch, von der Frau zum Mann. Es heißt, er sei sich sicher, das Richtige zu tun. Wenn sich diese Haltung durchsetzt, wird sich das auch auf seinen Geist auswirken: Das Gefühl, so wie man ist, richtig zu sein, ist befreiend und setzt geistige Ressourcen frei. So wie bei Henrike Lähnemann, die mit Oxford einen Ort gefunden hat, an dem sie sich richtig fühlt. Sie kann sein, wie sie ist, und denken und forschen, wie es ihr entspricht.

Für die Menschheit insgesamt war es ein weiter Weg vom Mittelalter, als diese Universität hier entstanden ist, bis hin zur heutigen Zeit. Manches war ein Vor und Zurück. Henrike Lähnemann lehrt in ihren Seminaren, dass die Nonnen des Mittelalters und der frühen Neuzeit gut vernetzte Geschäftsfrauen, Ratgeberinnen, Künstlerinnen waren, sie machten Musik, wussten aber auch die Stille, den Rückzug, die Einsamkeit zu nutzen. Doch es sollte noch viele Jahrhunderte dauern, bis Frauen Professorinnen werden durften – und jetzt müssen sie nicht einmal mehr Frauen sein, wenn sie sich nicht als solche sehen.

Körper

Die Olympionikin Birgit Fischer
und die Freude an der Bewegung

Ein Sommertag in Brandenburg. Weite, Einsamkeit, Grün. Rechts und links des Weges blitzt Wasser, hin und wieder säumen Häuser die Straße. See reiht sich an See, Flüsse werden zu Kanälen. Ein idealer Ort zum Paddeln und damit auch für Birgit Fischer.

Sie hat acht Gold- und vier Silbermedaillen im Kanurennsport gewonnen, ist die erfolgreichste deutsche Olympionikin aller Zeiten und die zweiterfolgreichste Olympionikin überhaupt. Sie nahm an sechs Olympischen Spielen teil und gewann ihr erstes olympisches Gold 1980 in Moskau, da war sie achtzehn Jahre alt; ihr letztes in Athen 2004, da war sie zweiundvierzig Jahre alt. Birgit Fischer widerlegte die Annahme, dass Leistungssport nur etwas für junge Leute sei. Sie wurde 27-mal Weltmeisterin, achtmal Olympiasiegerin und zweimal Europameisterin. Keine andere Sportlerin war in einer olympischen Disziplin über einen so langen Zeitraum so erfolgreich wie Birgit Fischer. Sie steht im Guinness-Buch der Rekorde.

In einem steingrauen weiten Kleid, das ihr bis zu den Knien reicht, und mit kerzengerader Haltung läuft Birgit Fischer über ihr Grundstück, ihre Muskeln bewegen und halten ihren Rücken.

Das Grundstück geht mit einer sanften Neigung in den Beetzsee über, ein Steg ragt ins Wasser. Das Schilf am Ufer steht meterhoch. Birgit Fischer hebt eine Hand, die mit einem Verband umwickelt ist: »Jedes Jahr schneide ich das Schilf mit einer Sense zurück, habe mich diesmal verletzt. Die Arbeit hier an meinem Haus, das ist auch mein Sport: Das Firmengelände und Inventar in Ordnung halten, Rasen mähen, Bäume schneiden, Boote reparieren, ich bin den ganzen Tag in Bewegung.«

Birgit Fischer, die auch Sportwissenschaft studiert hat, weiß, wie wichtig Bewegung ist. Wer sich nicht ausreichend bewegt, wird anfällig für Krankheiten. Heute bewegen sich die Menschen der westlichen Welt um zwei Drittel weniger als vor hundert Jahren. Für unsere Vorfahren in der frühesten Geschichte war es lebenswichtig, sich vor Feinden schnell in Sicherheit bringen zu können. Die Jagd war nur dann erfolgreich, wenn die Jäger schnell rennen und auf die Natur reagieren konnten. Heute weiß man zwar, dass Frauen mit auf die Jagd gingen, doch das Klischee, das Historiker des 19. Jahrhunderts erfanden, nämlich, dass der Mann für die Beute und die Frau für die Höhle zuständig gewesen sei, hält sich hartnäckig. Ernsthaft und gern Sport zu treiben, war noch bis vor Kurzem vor allem Sache der Männer.

Der sportliche Erfolg einer Kanutin ist eng damit verknüpft, wie gut sie die Gesetze der Natur kennt. Birgit Fischer ist mit dem Element Wasser vertraut, sie kann es einschätzen: Wassertiefe, Wasserhärte, Widerstand je nach Wind und Strömung und was es ihrem Körper dabei abverlangt. Sie beobachtet die Wechselwirkung zwischen ihrem Körper und der Natur genau, versucht, die Bedürfnisse ihres Körpers zu den verschiedenen Tageszeiten zu erfassen.

In der Geschichtswissenschaft gibt es eine Disziplin, die sich »Körpergeschichte« nennt. Sie geht davon aus, dass der Körper weit mehr ist als nur biologische Substanz, dass er geprägt ist von gesellschaftlichen Werten und Normen, von kulturellem und historischem Wandel. Ein Beispiel ist der Schlaf. So beschreibt die Historikerin Hannah Ahlheim in ihrem Buch *Der Traum vom Schlaf im 20. Jahrhundert,* dass die Idee, wir sollten acht Stunden am Tag schlafen, und zwar möglichst von zehn Uhr abends bis sechs Uhr morgens, erst im 19. Jahrhundert entstanden ist, als Ideale wie Effizienz und wissenschaftliches Verstehen immer wichtiger wurden. Der Körper passt sich dem an, was gesellschaftlich erwünscht ist. Körperideale unterscheiden sich bis auf ein paar überzeitliche und überkulturelle Ideen von Epoche zu Epoche, von Kultur zu Kultur. Was der eigene Körper kann und braucht, wozu er zu befähigen ist und wozu nicht, ist manchmal schwer davon zu unterscheiden, was andere oder Einzelne sich von ihm wünschen.

Birgit Fischer steht im Sommer meistens um vier auf. Sie muss sich keinen Wecker stellen, sondern wird von selbst wach. Ihren Kaffee trinkt sie auf der Treppe zum Garten, wenn die Vögel zu zwitschern und die Frösche zu quaken beginnen. Manchmal läuft ein Fuchs vorbei und frisst die Kirschen, die vom Baum herabgefallen sind. Kurz vor Sonnenaufgang steigt sie in ihr Kajak und gleitet in den See. »Die Sonne geht ohne mich nicht auf. Im Winter nicht, im Sommer nicht. Ich denke, ich sehe von den 365 Tagen im Jahr den Sonnenaufgang an 300 Tagen. Ich sehe sie aber nicht oft untergehen.« An den Holzwänden ihres Bootshauses hängen Fotos von der Sonne, dem Mond, den Vögeln der Umgebung.

Draußen auf dem Wasser hört sie ihren Atem, und wie das Paddel in den See taucht, und fühlt den Widerstand des Wassers. Sie spürt ihre Muskeln im ganzen Körper, wie sie sich anspannen und entspannen. »Wenn man Sport auf hohem Niveau betreiben und Wettbewerbe auch gewinnen will«, sagt Birgit

Fischer, »sollte man immer alles ringsum im Blick haben, genauso wie man sich selbst beobachten können sollte, um gezielt an sich zu arbeiten.« Sie nennt diese Methode »mental an den Sport herangehen«.

Mit sechs Jahren saß sie das erste Mal allein in einem Boot. Mit sieben kam der erste Wettkampf. »Wahrscheinlich habe ich den gewonnen oder war mit vorne. Mit acht war ich auch vorne, mit neun immer noch. Man fragt sich nicht, warum kann ich das jetzt besonders gut, sondern man sieht: Ich habe gewonnen. Ich kann mich nicht erinnern, als Kind nicht auf dem Podest gestanden zu haben.«

In der DDR, wo sie 1962 geboren wurde, gehörte der Vereinssport dazu. Im Wassersportverein in Brandenburg an der Havel lag das Motorboot ihrer Eltern. Schon die Großeltern liebten ihr Faltboot, die Familie lebte am, auf und mit dem Wasser. Sie selbst paddelte, schwamm, rannte auf dem weiten Gelände des Vereins herum, kletterte auf Bäume und sprang wieder herunter.

Mit zehn wollte sie Tänzerin werden und für die Tanzcompagnie des Friedrichstadt-Palastes in Berlin, des großen Revuetheaters der DDR, die Aufnahmeprüfung machen. Aber ihre Mutter war in Sorge und nicht einverstanden. »Ich war schon recht gut im Kanu, und sie wollte mich auch nicht so früh loslassen«, erklärt Birgit Fischer.

Also bewarb sie sich ein paar Jahre später an der Sportschule in der Nähe von zu Hause. Die Trainer sagten, sie sei eigentlich zu klein, sahen aber, wie schnell sie rennen konnte, dass sie große Füße hatte und ihre Geschwister groß waren. »Deswegen hatten sie Hoffnung, dass ich noch groß genug werden würde. Jemand hat auch gesagt: ›Wenn ihr die nicht nehmt, dann verpasst ihr Medaillen.‹ Aber es ging eben auch nach Körpernormativen. Die Plätze waren begehrt, man musste die Kleinen nicht nehmen.«

Damals dachte man, Kanutinnen und Kanuten müssten groß sein und Turnerinnen und Turner klein: »Im Laufe der Jahre ist man darauf gekommen, dass die Schüler auf die nötige Leistung kommen können, wenn sie es verstehen, körperliche Differenzen auszugleichen; mit anderen Talenten, mit Technik, mit Training, mit Kampfgeist.« Heute weiß man, dass die Körpergröße im Kanusport nicht entscheidend ist. Entscheidend ist, wer Potenzial hat – und damit eine Perspektive.

Birgit Fischer sucht nach Worten, wenn sie beschreibt, wie in der DDR Talente gefördert worden sind: »In der DDR, da gab's mehr … ich nenne es nicht Zucht, sondern Fokussierung. Man hat den Kindern mehr Aufmerksamkeit geschenkt und nach Talenten gesucht, ob es nun musikalische, mathematische oder sportliche Talente waren. Man hat einfach auch mal ein bisschen besser beobachtet, wer was kann.«

Ihr Trainer im Verein machte beim Training mit und spornte sie dazu an, ihn beim Laufen zu schlagen. In ihrer Zeit als Bundestrainerin nahm sie sich ihren Trainer als Vorbild: vormachen, mitmachen, die anderen befähigen, sich selbst zu trainieren, ihr Gefühl für den eigenen Körper schulen. Heute gibt Birgit Fischer Paddelkurse, sie hat ihre Leidenschaft für den Kanusport zum Beruf gemacht. Es kommen auch frühere Leistungssportler zu ihr, um von ihr zu lernen.

Als Jugendliche war sie eine sehr gute Schwimmerin, spielte Handball und Fußball, fuhr gern Rad. Das hat ihren Erfolg als Kanutin gefördert: Wer mit dem Ball umzugehen lernt, stärkt sein Raum- und Körpergefühl, wer die Beinmuskeln trainiert, lernt etwas über deren Verbindung zum gesamten Körper. Je älter man wird, desto mehr lassen Beweglichkeit, Schnelligkeit und Kondition nach, aber Bewegungsabläufe haben sich tief im Körper verankert, darüber lässt sich manches ausgleichen.

Die durchschnittliche Lebenserwartung ist von vielem abhängig: vom Land, in dem wir leben, dem dortigen Bildungs- und Lebensstandard und dem der medizinischen Versorgung. Doch entscheidend ist unser eigener Lebensstil, ob wir uns gern bewegen, ob wir eine gute Beziehung zu unserem Körper haben. Wer raucht, Drogen nimmt, zu viel arbeitet, das Arbeiten als Stress empfindet, altert und stirbt in der Regel auch früher. Soziologen sprechen hier von einem »nihilistischen Lebensstil«. Die heute etwa Fünfzigjährigen pflegen eher einen Lebensstil, der »interventionistisch« genannt wird: Sie leben gesünder und treiben mehr Sport als die Generationen zuvor.

Auch Doping hat einen maßgeblichen Einfluss auf die Beziehung zum eigenen Körper. Im Sport der DDR war es, wie in vielen anderen Ländern, verbreitet, nur war es hier auch staatlich organisiert. Birgit Fischer ist es wichtig zu betonen, dass aber nicht alle Sportlerinnen und Sportler der DDR gedopt waren: »Manipulation des Körpers durch Tabletten oder andere unnatürliche Einwirkungen würde zur Folge haben, dass man das Gefühl für seinen Körper verliert. Er sendet verfälschte Signale, die wiederum zu falschen Reaktionen führen, daraus kann sich ein Überlastungstraining ergeben«, sagt sie. Das richtige Verhältnis von Belastung und Entlastung sei wichtig und dürfe nicht von außen beeinflusst werden. Schmerz und Erschöpfung seien wichtige Signale des Körpers, die man nutzen müsse, um das Training steuern zu können. »Ich habe den unverfälschten Dialog mit meinem Körper gebraucht, und ich wollte ihn nicht manipulieren. Ein anderer wichtiger Punkt ist Fairplay. Wie kann man stolz auf einen Erfolg sein, der mit unerlaubten Mitteln zustande gekommen ist? Ich würde nie jemandem Doping unterstellen, appelliere aber an die Ehrlichkeit, vor allem zu sich selbst.« Und: »Ich habe die These, dass viele, die sich gedopt haben, dadurch schlechter geworden sind. Schon eine Kopfschmerztablette manipuliert dein Körpergefühl, es schaltet den Schmerz aus. Wenn man mit Körperfeedback trainiert, dann sind Arzneimittel ganz schlecht.«

Als ihre Kinder geboren wurden, musste Birgit Fischer beim Training zurückstecken. Sie führte ein Trainingstagebuch und beobachtete genau, was ihr guttat, womit sie weiterkam und was sie weglassen konnte. »Es fing an mit Krafttraining, dann ließ ich das Lauftraining weg. Ich bin am Ende fast nur noch gepaddelt und habe alles aufs Wasser gebracht, auch das Krafttraining. Hierbei erhöht man den Wasserwiderstand des Bootes, bremst das Boot ab. Und ich habe mich auf Intervalltraining spezialisiert. Das ist ein sehr intensives Training, man muss sich wirklich gut kennen, sonst kann es auch schnell schädlich sein.«

Beim Intervalltraining wechseln Belastungs- und Erholungsphasen ab. Pausen sind so kurz, dass der Körper sich nicht komplett von der Belastung erholt, das ist das Prinzip. Wenn sie in ihren Kanukursen heute Managerinnen und Manager trainiert, erklärt sie ihnen, wie wichtig Pausen sind: Es sei unmöglich, über einen ganzen Tag am Computer hinweg dasselbe Leistungsniveau zu halten. »Nach drei Stunden solltest du was anderes machen. Spätestens nach drei Stunden.« Der Geist und der Muskel würden in den Pausen wachsen.

2004 trainierte Birgit Fischer nur noch eine Stunde am Tag. Weiterhin nahm sie an den großen Wettbewerben teil – und gewann. Dabei spielte auch ihre Ernährung eine wichtige Rolle. Zum Beispiel brauchen Muskeln Proteine, um sich aufbauen zu können, Mineralstoffe und Vitamine unterstützen die Zellerneuerung. »Ich habe die Erfahrung gemacht, dass man das Altern weit aufschieben kann«, sagt Birgit Fischer. »Ich denke, der Körper sagt einem, was einem guttut, und das ist individuell.« Eigentlich sollte sie viel Wasser trinken, aber sie mag es nicht.

Also baut sie im Garten Pfefferminze an und macht Tee daraus, den sie im Winter heiß, im Sommer gekühlt trinkt.

Mit Mitte vierzig hörte Birgit Fischer auf mit dem Leistungssport. Bei den letzten großen Wettkämpfen hatte sie mit Sportlerinnen im Boot gesessen, die im Alter ihrer Kinder waren. Erst mit sechsundfünfzig begannen bei ihr die Wechseljahre. Sie hatte gehofft, sie könnte deren Folgen vermeiden, doch als die Blutungen ausblieben, merkte sie, dass sie nicht mehr so leistungsfähig war wie vorher. Ihre Schleimhäute wurden trockener, die Augen schmerzten, der Hals brannte so sehr, dass sie kaum noch schlucken konnte. Ihre Ärztin verschrieb ihr ein Hormongel. Sofort fühlte sie sich besser, nach anderthalb Wochen waren die Halsschmerzen weg. Doch dann las sie den Beipackzettel und erinnerte sich an ihre alte Regel, sich nicht durch Medikamente »manipulieren« zu lassen, wie sie das nennt. Nach zehn Monaten setzte sie das Mittel wieder ab. »Das muss jede für sich entscheiden, wie sie mit ihren Wechseljahren umgeht. Aber ich möchte anders mit der verringerten Leistungsfähigkeit klarkommen. Ich werde aktiv gegensteuern. Und ja, mein Gott, dann schaff ich eben nicht mehr so viel, ich bin ja auch keine dreißig mehr. Der Körper und vor allem der Kopf müssen sich umstellen und brauchen Zeit dafür.«

Insgesamt werden Frauen, ob nun vor, während oder nach den Wechseljahren, medizinisch nicht so gut betreut wie Männer. »Der Prototyp Mann ist in der Medizin das Maß aller Dinge«, schreiben die Ärztinnen Vera Regitz-Zagrosek und Stefanie Schmid-Altringer in ihrem Buch *Gendermedizin*: »Jede Hirn-, Herz- und Leberzelle ist bei Frauen und Männern unterschiedlich, die medizinische Forschung ignoriert den Unterschied zwischen den Geschlechtern weitgehend.« Der typische Studienteilnehmer sei ein Mann, selbst Tierversuche würden zu häufig an männlichen Tieren vorgenommen. Entsprechend sind

Frauen bei leichteren Beschwerden oft darauf angewiesen, sich selbst zu helfen. Diejenigen, die ein gutes Körpergefühl haben, wie Birgit Fischer, sind da im Vorteil. Birgit Fischer sagt, sie sei weder launisch noch unzufrieden oder depressiv, doch muss es auch nicht sein, dass mit den Wechseljahren Stimmungsschwankungen einhergehen. Psychische Probleme treten in allen Altersgruppen gleich häufig auf, heißt es zum Beispiel in einer Studie, die Kerstin Weidner, Direktorin der Universitätsklinik für Psychotherapie und Psychosomatik in Dresden, 2015 erstellt hat. Das Forscherteam um sie herum hatte dafür mehr als 1400 Frauen befragt.

Traumaforscher wie der amerikanische Biophysiker und Psychologe Peter Alan Levine sind allerdings davon überzeugt, dass jede negative Erfahrung, jedes negative Gefühl im Körper gespeichert werde, wodurch Krankheiten entstehen können. Durch Bewegung könnten sich diese Gefühle und Erfahrungen jedoch nicht manifestieren, der Körper könne sie buchstäblich abschütteln, schreibt er etwa in seinem Buch *Sprache ohne Worte. Wie unser Körper Trauma verarbeitet und uns in die innere Balance zurückführt*. In diesem Sinne wäre es durchaus möglich, dass Birgit Fischers Bewegungsfreude und ihr gutes Körpergefühl zu ihrer psychischen Ausgeglichenheit beitragen.

»Ich habe schon vor bestimmt acht Jahren zu meinen Kindern gesagt: Wenn ich morgen sterbe, seid nicht traurig, ich habe viele großartige Momente gehabt und so viel erlebt«, erzählt Birgit Fischer. Trotzdem hat sie Pläne: Sie möchte sich nicht mehr um den großen Garten und das große Haus kümmern müssen, sondern als Trainerin in anderen Ländern arbeiten und weltweit Kanutouren begleiten. Deswegen wird sie alles verkaufen und noch einmal etwas Neues anfangen. Sie bleibt in Bewegung, und das Leben mit ihr.

Macht

Die Vizepräsidentin des Europaparlaments Katarina Barley und der Mut zur Authentizität

Frauen haben es in der Politik nicht leicht. Die wenigen, die es an die Spitzen schaffen, täuschen darüber hinweg, dass im deutschen Bundestag mehr als hundert Jahre, nachdem Frauen das Recht bekommen haben zu wählen, deutlich mehr Männer als Frauen vertreten sind. Die Bundesländer werden überwiegend von Männern geführt, und die Zahl der weiblichen Abgeordneten in den Landesparlamenten ist deutlich geringer als der Anteil von Frauen an der Gesamtbevölkerung.

Das hat vor allem kulturgeschichtliche Gründe. Mary Beard, Professorin für Alte Geschichte in Cambridge, schreibt in ihrem Buch *Frauen und Macht*: »Soweit wir in der westlichen Geschichte zurückschauen können, gibt es eine radikale – reale, kulturelle und imaginäre – Separierung der Frauen von der Macht.« Frauen mit Macht zu verbinden falle uns so schwer, dass wir nicht mal innere Bilder dafür abrufen könnten: »Wenn wir die Augen schließen und versuchen, uns das Bild eines Präsidenten oder – um ein Beispiel aus der Wissensgesellschaft zu nehmen – eines Professors vorzustellen, sehen die meisten von uns keine Frau. Und das ist sogar dann der Fall, wenn man selbst Professorin ist: Das kulturelle Stereotyp ist so stark, dass es mir bei jenen Phantasien mit geschlossenen Augen immer noch schwerfällt, mir mich oder jemanden wie mich in dieser Rolle vorzustellen.«

Insofern ist es nicht der Mangel an Engagement, der Frauen davon abhält, in der Politik eine sichtbare Rolle zu spielen, vielmehr mangelt es an der Vorstellung, dass Macht und Weiblichkeit zusammen gedacht werden könnten. Frauen kleben Plakate, verteilen auf der Straße Flyer, Buttons und Aufkleber, aber es gibt da eine Scheu, Posten anzustreben, sich Wahlen zu stellen. Frauen kennen es nur zu gut, bewertet zu werden – für ihr Aussehen, ihre Stimme, ihren Kleidungsstil –, und Wahlen sind nichts anderes als eine Bewertung, sodass sie das Wagnis, öffentlich abgewertet zu werden, oft lieber nicht eingehen wollen.

Katarina Barley stellte sich 2019 der Europawahl. Sie hatte der damaligen SPD-Chefin Andrea Nahles versprochen, zu dieser Wahl anzutreten, obwohl sie dafür das Amt der Bundesjustizministerin hatte aufgeben müssen, das sie gern ausgeübt hatte: »Mein Leben besteht aus dem Nachdenken über das Recht, es ist eine Leidenschaft.«

Doch sie wollte die Partei unterstützen und auch Andrea Nahles, die eine Freundin war. Diese Freundin brauchte Erfolge. Ein Erfolg Katarina Barleys bei dieser Europawahl wäre auch deren Erfolg gewesen, und Katarina Barley war eine Garantin für Erfolge – bis zu jenem Abend jedenfalls. Schon als sie die ersten Prognosen sah, wusste sie, dass es »schmerzhaft« werden würde. Um sich etwas zu beruhigen, so erzählt sie, ging sie mit ihrem Freund und jetzigen Ehemann spazieren; er ist Sporttrainer und versteht etwas vom Siegen und Verlieren. Sie suchte nach den Fehlern, er aber bestätigte sie darin, alles getan zu haben, was in ihrer Macht stand. Das erinnerte sie an den Rat, den ihr ihre erste Chefin, eine Richterin am

Bundesverfassungsgericht, mitgegeben hatte: »Eine Entscheidung, die du nach sorgfältiger Prüfung im Vorhinein für richtig befunden hast, darfst du nicht im Nachhinein anders bewerten.«

Sie schaffte schließlich nur knapp 16 Prozent. »Dramatische Verluste« für die SPD, so hieß es in den Medien. Sie war enttäuscht, ihre Partei war enttäuscht, die SPD-Chefin trat nur Tage später von ihrem Posten zurück. Die SPD hatte messen wollen, wie gut sie die Ziele der Sozialdemokratie im Land noch vermitteln kann. Das Ergebnis der Europawahl für Katarina Barley belegte die Krise der Partei.

Sie ging trotzdem nach Brüssel und wurde Vizepräsidentin des Europaparlaments, sie hat es gelernt, den Wechsel von Sieg und Niederlage auszuhalten. Denn beides, das Gewinnen und das Verlieren, gehört zu einem politischen Leben dazu. Dabei sei es »wichtig, sich nicht über die äußeren Umstände zu definieren, sondern über das, was man selbst beeinflussen kann«.

Dieser Satz steht im Zentrum all dessen, was Katarina Barley tut: Er ist ein Ausdruck einer sogenannten Selbstermächtigung. Das Wort benennt die Fähigkeit, eigene Interessen souverän und unabhängig zu vertreten. Selbstermächtigung fördert nicht nur das Vertrauen in sich selbst, sondern auch das Vertrauen, das andere einem entgegenbringen. Auch die Macht selbst ist meist nur über Vertrauen zu erlangen, zugleich verhilft Vertrauen dazu, Macht zu stabilisieren. »Du musst dich selbst fordern, mit dir anspruchsvoll sein, aber wissen, dass du nicht alles in der Hand hast.«

Wie die meisten ihrer Kolleginnen und Kollegen war Katarina Barley in die Politik gegangen, weil sie Lust hatte, etwas zu verändern. Ihr ging es aber auch darum, mit Menschen zusammenzukommen. In Trier, wo sie ihre Arbeit als Richterin begonnen hatte, kannte sie noch niemanden. In die Partei eingetreten war sie bereits in ihren Zwanzigern, ihr hatte an der SPD gefallen, dass »vom Arbeitslosen bis zur Topmanagerin alle mitmachen«. Nun begann sie sich in der Partei zu engagieren.

Als sie ein Kind bekam, ging sie eine Weile in die Elternzeit. Irgendwann dachte sie: »Jetzt könnte mal wieder etwas passieren.« Nicht, dass sie sich gelangweilt hätte, aber sie »scharrte ein bisschen mit den Hufen«. Da fragte sie jemand, ob sie nicht Landrätin werden wollte. »Wir hatten hier noch nie einen roten Landrat gehabt, und dementsprechend hatte auch keiner von den Platzhirschen große Ambitionen.« Sie dachte, dass ihr niemand eine Niederlage würde übelnehmen können, wenn die SPD hier doch sowieso immer verlor. »Ich fand es spannend, so etwas einfach mal auszuprobieren, diese Neugierde ist ja auch ein Leitmotiv in meinem Leben. Wenn ich da 30 Prozent geholt hätte, wäre das eine Sensation geworden. Mein Gegenkandidat stand schon fest und schien unter den Bürgermeistern, Bauern und Winzern großen Rückhalt zu haben.«

Sie trat also an, und der Wahlkampf machte ihr große Freude. »Es war fantastisch in jeder Hinsicht. Die Partei hat mich auf Händen getragen.« Sie schaffte fast 45 Prozent. »Das war der Anfang von allem«, sagt sie und meint damit ihren Weg in die Politik.

Katarina Barley wurde 1968 in Köln geboren. Ihre Mutter war Ärztin. Ihr Vater, ein Brite, war Journalist bei der Deutschen Welle in Köln. Eigentlich wollte auch sie Journalistin werden. Sie hörte, so erzählt sie, es sei nicht schlecht, dafür Jura zu studieren. Sie ging nach Marburg, später nach Paris und erlangte dort das *Diplôme de droit français*, ein Diplom des französischen Rechts. In Deutschland machte sie das erste Staatsexamen, ihre Promotion schloss sie in Münster ab. Und weil die Rechtswissenschaft längst ihre Leidenschaft geworden war, ging sie als Rechtsanwältin in eine Hamburger Großkanzlei statt in die Medien, von dort zum Wissenschaftlichen Dienst des Landtags in Rheinland-Pfalz, später nach Karlsruhe, als wissenschaftliche Mitarbeiterin der Bundesverfassungsrichterin Renate Jaeger, und dann nach Trier, wo sie Richterin wurde – und schließlich Landrätin. Sie war neugierig, sie war optimistisch, das war ihr Antrieb.

Zur Leidenschaft fürs Recht kam die Leidenschaft für die Politik. Bei der Bundestagswahl 2013 war Katarina Barley Direktkandidatin im Wahlkreis Trier, kam auf gut 31 Prozent der Erststimmen und zog in den Bundestag ein. Anfang November 2015 schlug sie der damalige SPD-Vorsitzende Sigmar Gabriel als Nachfolgerin von Yasmin Fahimi für das Amt der Generalsekretärin vor.

Es ist ein schwieriges Amt. Eine Generalsekretärin muss den Parteichef unterstützen, sie muss Wahlkämpfe, Parteitage und Mitgliederentscheide organisieren. Sie muss dafür sorgen, dass die Partei auf allen Ebenen zusammenarbeitet, vom Ortsverband bis zum Bundesparteitag, und zugleich eine Strategie für die Zukunft der Partei entwickeln. Eine Generalsekretärin verkörpert die Partei. Sie muss in der Lage sein, sie gegenüber den anderen Parteien zu positionieren und sich durchzusetzen: nach innen, nach außen, auch aggressiv. In der Sprache der Politik ist der Generalsekretär der »Wadenbeißer«.

Gesellschaftliche Verhältnisse bilden sich in der Politik ab. Weil die Macht die längste Zeit männlich geprägt war, sind Beobachter der Politik daran gewöhnt, dass solche Ämter von Männern ausgeübt werden. Wenn etwas über Jahre, Jahrzehnte, Jahrhunderte gleichbleibt, beeinflusst das die Wahrnehmung, zu großen Teilen ist das ein unbewusster Prozess. Urteile werden in Sekundenbruchteilen gefällt. Jede Abweichung vom Üblichen, von dem, was als Norm gilt, ist irritierend. Wer oder was vom Standard abweicht, riskiert ein negatives Urteil. So wie Frauen in der Politik oder Frauen, die überhaupt nach der Macht greifen.

Mary Beard macht in ihrem Buch *Frauen und Macht* anhand der antiken Texte von Homer, Aristoteles oder Ovid solche tradierten Muster deutlich. Eine Frau, die den Anspruch eines Mannes auf Macht infrage stellt, wird zum Schweigen gebracht, wie es auch von vielen antiken Frauenfiguren erzählt wird: Die Priesterin Io wird in eine Kuh verwandelt, die nur noch »Muh« sagen kann. Die Königstochter Philomela wird zuerst vergewaltigt, dann wird ihr die Zunge herausgeschnitten. Die Nymphe Echo muss bis in alle Ewigkeit die Rufe anderer wiederholen. Medusa, in der griechischen Mythologie eine Schreckensgestalt mit Schlangenhaaren, ist so mächtig, dass sie jeden, der sie anblickt, zu Stein erstarren lässt. Dem Heros Perseus gelingt es, ihr den Kopf abzuschlagen. Ein Bild, das heute noch gern verwendet wird, um den Sieg der männlichen Ordnung in der Politik darzustellen: Karikaturen zeigten den Gewinner der US-Wahl von 2016, Donald Trump, wie er das abgeschlagene Medusenhaupt seiner Herausforderin Hillary Clinton hochhält. Von Angela Merkel, die als Bundeskanzlerin zeitweise als mächtigste Frau der Welt galt, gibt es ähnliche Abbildungen.

Eine Frau als Generalsekretärin entsprach also nicht gerade den herrschenden Vorstellungen von der üblichen Verteilung der Macht: Eine Frau, die sich durchsetzen muss, die andere unterbrechen und angreifen muss, die sich ständig zu behaupten hat, zum Beispiel in den Berliner Fernsehrunden nach den Wahlen – es war ungewohnt, dass Frauen sich in der Öffentlichkeit so verhielten.

»Ich habe mich lange mit Sigmar Gabriel darüber unterhalten, dass es mir nicht liegt, automatisch und abgesehen von meinen eigenen Positionen im Angriffsmodus zu sein«, sagt Katarina Barley. »Ich habe ihm gesagt, ich werde mich nicht verstellen, weil das das Wichtigste ist, was wir Politiker haben: unsere Authentizität. Wenn du nicht authentisch bist als Politiker, wenn du nicht du selbst bist, dann hast du definitiv keinen Erfolg. Das ist auch richtig so. Ich habe gesagt, ich werde mich nicht ändern für diesen Job.«

Authentizität ist Katarina Barley wichtig, und das war auch der Grund, warum sie nicht Rechtsanwältin geblieben ist: »Ich kann nichts vertreten, wovon ich nicht selbst überzeugt bin. Wenn ich aber von etwas überzeugt bin, dann kann ich auch sehr vehement sein und auf meine Art angriffslustig.«

Sie erhielt auf dem SPD-Bundesparteitag 2015 schließlich 93 Prozent der Delegiertenstimmen bei der Wahl für das Amt der Generalsekretärin. Anderthalb Jahre später wurde sie Bundesfamilienministerin. Kurze Zeit darauf übernahm sie zusätzlich kommissarisch die Leitung des Bundesministeriums für Arbeit von Andrea Nahles, als diese zur Fraktionsvorsitzenden der SPD-Bundestagsfraktion gewählt wurde. Sie führte die Amtsgeschäfte bis zur Vereidigung des neuen Bundeskabinetts im März 2018. Nun war sie Bundesjustizministerin – für dieses eine Jahr vor der Europawahl.

Katarina Barley blieb authentisch und wurde trotzdem mächtig. Sie zeigt, dass Macht auch etwas anderes sein kann als das, was in der Geschichte daraus gemacht wurde. Laut Beard geht es genau darum: Macht neu zu denken, Strukturen zu verändern und noch einen Schritt weiter zu gehen. »Man muss über die Macht als etwas Gemeinschaftliches nachdenken, nicht nur die Macht von Führern sehen, sondern auch die Macht derer, die ihnen folgen. Vor allem bedeutet es, Macht als ein

Attribut, eine Zuschreibung oder ein Verb (»ermächtigen«) aufzufassen, nicht als einen Besitz.«

Die vielen Wechsel, die ihre politische Karriere erforderte, empfand Katarina Barley als bereichernd, denn Veränderungen machen ihr keine Angst. Es dauerte lange, bis sie merkte, dass sich viele Menschen damit schwerer tun als sie: »Ich habe mich in meinem Elternhaus so geborgen und ermutigt gefühlt, dass ich immer das Vertrauen habe, dass etwas gut ausgeht.« Ihr Leben verlief nicht immer geradlinig, auch wenn es anders wirkt. Es gab Tiefschläge, über die sie öffentlich nicht redet: »Aber auch die haben mein Vertrauen ins Leben nicht erschüttert.«

Wer ein Ministerium übernimmt, hat Machtkämpfe mit Konkurrenten hinter sich, wird öffentlich kritisiert und blamiert, macht die meisten Fehler vor unzähligen Zuschauern, muss sich der Parteilinie anpassen, muss in einer Großen Koalition Vorstellungen der stärkeren Partei hinnehmen, kommt nicht annähernd mit allem durch, was sie oder er für richtig hält. Eine Ministerin, ein Minister darf nicht an seinem Amt klammern, denn damit kann es schnell vorbei sein: weil der Regierungschef oder die Regierungschefin es so will; weil es gilt, für einen Fehler die Verantwortung zu übernehmen, oder weil eine Wahl verloren wurde. Das Vertrauen in sich und andere nicht zu verlieren ist eine Bedingung für ein hohes politisches Amt, und dieses Vertrauen muss immer wieder neu erarbeitet werden.

Katarina Barley aber sehnt sich in der Lebensmitte trotz alldem nicht zurück in frühere Zeiten, als sie weniger Verantwortung trug, als sie Schülerin oder Studentin war: »Ich weiß jetzt so viel besser, wer ich bin, und ich weiß, was ich will und wie ich dahin komme. Und ich weiß auch, was ich nicht will. Ich kenne meine Fehler, und dadurch muss ich mir selbst nichts mehr beweisen.« Von Erwartungen anderer fühle sie sich viel unabhängiger als in jungen Jahren. »Das ist für mich das Schönste an diesem Alter.« Authentisch zu bleiben als Mensch und als Politikerin ist ihre Methode, in diesem schwierigen Beruf und auch sonst glücklich zu sein.

Liebe

Die Angestellte Anna Huthmacher und zwei Entscheidungen aus Freiheit

So viele Romane, Filme und Alltagserzählungen legen nahe, dass die Liebe jederzeit willkommen sei. In der Lebensmitte aber ist sie es sehr oft nicht. Es ist die Zeit der größten Verpflichtungen. Da sind oft Kinder, die Sicherheit, und Eltern, die Unterstützung brauchen und häufig noch Vorstellungen haben, die aus einer völlig anderen Zeit stammen. Da können auch Arbeitgeber sein, die es nicht gern sehen, wenn jemand zu sehr abgelenkt ist, wodurch auch immer. Aber brächte die Liebe die einmal geordneten Dinge nicht in Unordnung, dann wäre es keine. Sich dieser Unordnung zu stellen erfordert Mut, denn sie wirkt sich oft nicht nur auf einen selbst aus, sondern auch auf die Menschen, mit denen man sich am meisten verbunden fühlt. Manchmal entsteht eine solche Unordnung auch dadurch, dass die neue Liebe gesellschaftlichen Normen widerspricht oder man selbst von einer Art zu lieben überrascht wird, die man vorher so nicht kannte.

Anna Huthmacher hat das alles erlebt. Zweimal, sagt sie, war sie mutig. Sie sagt es zögernd, und das ist eine Ausnahme bei ihr. Eigentlich redet sie offen und entschlossen, weil sie es für wichtig hält, alles, was sie tut, vor sich selbst und vor ihrem

Gegenüber klar zu vertreten. Und sie weiß auch, dass das, was Einzelne tun, eine Bedeutung haben kann, die über sie selbst hinausreicht. Wer handelt, bewirkt etwas, wer redet, bewirkt etwas. Deswegen formuliert sie genau, wenn sie ausspricht, was sie denkt und fühlt. An dieser Stelle aber zögert sie, weil sie nicht klingen will, als sei sie stolz auf sich, so sagt sie. Doch es ist ihr anzumerken, dass es darum nicht geht.

Das erste Mal war sie mutig, als sie sich entschied, eine Frau zu lieben, zu heiraten und mit ihr eine Familie zu gründen. Nicht etwa, weil sie sich damit schwergetan hätte, dazu zu stehen und davon zu erzählen. Sie war mutig, weil diese Form der Liebe für sie selbst neu war und weil ihr und ihrer Frau gezeigt wurde, wie schwierig es für ein gleichgeschlechtliches Paar ist, sich zu erfüllen, was für einen Großteil der Gesellschaft selbstverständlich scheint: eine Familie zu haben. Sie mussten hohe Hürden nehmen.

Das zweite Mal war sie mutig, als sie sich aus ihrer Ehe löste: Sie hatte sich in einen Mann verliebt. Es ging nicht darum, etwas infrage zu stellen: eine Art zu leben, für die sie sich zuvor voller Glück entschieden hatte, die zu ihr passte und in der sie sich aufgehoben fühlte. Sie wollte auch niemanden verletzen. Ihre Gefühle für diesen Mann aber waren zu eindeutig, um sie ignorieren zu können, oder andersherum: Auch sie zu ignorieren, hätte ihrer Ehe geschadet. Also sprang sie auch diesmal.

Das Bürgertum hat Liebe und Ehe aneinandergekoppelt und Geschichten geprägt, die vorsehen, dass die Liebe am Anfang aller Ordnung stehe: Mann und Frau heiraten im frühen Erwachsenenalter, und dann ist alles gut. Doch diese Geschichten entstanden in Zeiten, als die Menschen deutlich früher starben als heute, Frauen häufig im Wochenbett, Männer im Krieg. Als aber 1945 im Westen bis auf Ausnahmen eine Ära des Friedens anbrach und der medizinische Fortschritt das Leben verlängerte, die Liebe aber weiterhin gleichgesetzt wurde mit der Ehe, die möglichst nur einmal zu schließen sei, begann eine Zeit der Jahrzehnte währenden Bindungen, aus denen es kaum ein Entkommen gab, ohne fürchten zu müssen, dafür ausgegrenzt oder sonst wie bestraft zu werden.

Und so sind sie überall zu sehen, die verbitterten älteren Paare. Natürlich gibt es auch Paare, denen es gelingt, die meiste Zeit gut miteinander zu sein. Und es gibt auch Paare, die sich trennen, gerade weil sie es gut miteinander meinen und sehen, dass das Glück des anderen nicht in der gemeinsamen Verbindung liegt. Es gibt fast alles. Und eben auch den Fall, dass eine große Liebe einer anderen großen Liebe in die Quere kommt, wie Anna Huthmacher es erlebt hat. Wer sich mitten hineinbegibt ins Leben, entwickelt sich. Manche Entwicklungen sind besser, manche schlechter, die meisten aber sind so nicht zu bewerten. Offen zu bleiben für die Überraschungen und Herausforderungen, die das Leben bereithält, bedeutet, neue Seiten an sich selbst zu entdecken, und manchmal führt das zu einer neuen Liebe oder umgekehrt. Das heißt nicht unbedingt, dass die Liebe, die man seit Langem für jemand anders empfindet, vorbei ist, es hat sich nur etwas verschoben und möchte mit Leben gefüllt werden.

Anna Huthmacher wohnt mit ihrem Sohn in einer Stadt in Süddeutschland. Die Wohnung liegt in einem Altbau mit mehreren Etagen. Auf dem Klingelschild steht nur ein Nachname, der ihrer Ehefrau. Anna Huthmacher hat ihn mit der Hochzeit angenommen, und ihr Sohn trägt ihn auch. Es ist ein anderer Name als der, den wir für diese Geschichte ausgesucht haben. Sie kann zu ihrer Geschichte stehen, aber sie möchte ihrer Frau den Schmerz ersparen und ihrem Sohn die Fragen.

Die neue Wohnung ist hübsch, aber noch nicht fertig eingerichtet. Erst vor Kurzem hat sie sich getrennt. Sie hat sich das, was passiert ist, weder für ihre Frau noch für sich selbst gewünscht, schon gar nicht für ihren gemeinsamen Sohn, sie wirkt melancholisch und glücklich zugleich. Manchmal hängen Glück und Unglück eng zusammen.

Anna Huthmacher und ihr Freund passen schon auf den ersten Blick so gut zueinander, dass sich die Frage, ob es richtig sein kann, dass sie zusammengefunden haben, gar nicht stellt. Sie sitzen beim Frühstück und unterhalten sich, über Politik, über ihre Berufe, über die Länder, in denen sie jeweils gelebt haben. Das Gespräch fließt, sie sind weder angespannt noch gereizt, wie es Paare oft sind, die schon zu gut wissen, was der oder die andere gleich sagen wird. Irgendwann steht er auf und bietet an, einkaufen zu gehen, damit sie ihre Geschichte erzählen kann, ohne ihn im Hintergrund zu wissen. Sie soll sich frei fühlen.

Anna Huthmacher wurde 1974 in Norddeutschland geboren und ist vor allem in Berlin aufgewachsen. Ihre Eltern hatten sich dort Anfang der 1960er-Jahre kennengelernt, zu Zeiten, in denen heterosexuelle Beziehungen nicht nur die Norm, sondern auch das einzige gesetzlich erlaubte Modell waren. Die vielen Normen, von denen die Ehepaare umgeben waren, machten es den Liebenden damals schwer, Zweifel zu besprechen und als etwas zu verstehen, was dazugehört, was ganz normal ist, wenn man lange miteinander lebt.

Anna Huthmachers Mutter ist Jüdin und kam zwei Wochen nach dem Mauerbau, der unangekündigt am 13. August 1961 begonnen hatte, nach Berlin, nur sechzehn Jahre nach dem Ende des Holocaust. Deutschland war das Land der Täterinnen und Täter. Die Mutter unterrichtete an einer Schule im Westen der Stadt, und einige ihrer Schüler waren nun von ihren im Osten lebenden Eltern abgeschnitten. Ihr späterer Mann, Anna Huthmachers Vater, kam auch aus so einer zerrissenen Familie:

Er studierte in Westberlin, während Teile seiner Familie im Osten wohnten. Sein jüngerer Bruder war ein Schüler ihrer Mutter.

Der Krieg, der Nationalsozialismus und deren Folgen hatten dieser Generation große Lasten auferlegt. Anna Huthmacher nahm ihren Vater, der nun nicht mehr lebt, zwar als sehr freundschaftlich, aber auch als reizbar und emotional verschlossen wahr, sodass sie sich schließlich fragte, warum ihre Mutter diesen Mann wohl liebte und mit ihm in einer konventionellen Ehe lebte. Inzwischen aber versteht sie, wie so viele Menschen in der Lebensmitte, die eigenen Eltern besser, weil sie sieht, was ihre Eltern in ihren jungen Jahren alles auszuhalten hatten. Da gab es wohl einen Wunsch nach Ordnung, nach all der Unordnung, die auf den Krieg und das Grauen der NS-Zeit gefolgt war.

Anna Huthmacher selbst hatte vor ihrer Ehe immer Beziehungen mit Männern gehabt, obwohl sie sich auch damals schon für Frauen interessierte. »Das war nie ernsthaft, oder ich war nicht mutig, wie auch immer«, sagt sie heute dazu, »aber ich habe schon gespürt, dass ich mich auch in eine Person verlieben könnte, die eine Frau ist.« Zu ihrer späteren Frau aber entwickelte sich schnell ein intimes Verhältnis, nur dauerte es eine Weile, bis sie sich an den Gedanken gewöhnte, dass daraus eine Beziehung werden könnte.

Als sie sich schließlich darauf einließ, machte sie es ganz. Sie war diejenige, die eine Familie gründen wollte, Mutter, Mutter, Kinder, mindestens zwei. Die Liebe zu einem anderen Menschen mit einem gemeinsamen Kind zu erfüllen ist ein schöner Gedanke und kann ein großer Wunsch sein. Anna Huthmacher war nicht mehr in ihren Zwanzigern, wo man sich mit Kindern noch Zeit lassen kann, und sie war noch keine fünfzig, wenn diese Fragen meist schon irgendwie geklärt sind. Sie war in den späten Dreißigern, und das ist die Zeit, in der Frauen, die noch keine Kinder haben, sich aber welche wünschen, unter Druck geraten können. Die beiden Frauen mussten heiraten, um eine sogenannte Kinderwunschbehandlung beginnen zu dürfen.

Gleichgeschlechtliche Paare sprechen oft davon, dass sie eine andere Freiheit haben, Regeln füreinander zu finden, als heterosexuelle Paare. Die ungeschriebenen Regeln, die sich seit Jahrhunderten und Jahrtausenden auf Frauen und Männer ausgewirkt haben, gelten für sie so nicht. Wenn eine Frau mit einem Mann einkaufen geht, begibt sie sich, um ein alltägliches Beispiel zu nennen, eher an den Gemüsestand oder die Käsetheke, während er eher die schweren Getränkekisten holt. Ein gleichgeschlechtliches Paar entscheidet eher nach Vorlieben oder nach Talent, die Paare suchen nach Lösungen, die ihnen jeweils entsprechen. So war es auch bei Anna Huthmacher und ihrer Frau, als sie zu entscheiden hatten, wer nun das erste Kind austragen solle. Sie dürfe zuerst, habe ihre Frau spontan entschieden, weil sie wusste, dass Anna Huthmacher sehr gern schwanger werden wollte. Es war ein Liebesbeweis, wie immer, wenn es jemand schafft, nicht um seiner selbst willen, sondern um des anderen willen zu handeln.

Kinderwunschbehandlungen haben einen hohen Preis, psychisch und physisch. Hormontherapien wirken sich auf den Körper und auf die Stimmung aus, mit der Behandlung geht ein ständiges Wechselspiel aus Hoffnung und Enttäuschung einher. Gleich zu Anfang riet eine Ärztin Anna Huthmacher, sie und ihre Frau sollten sich dabei therapeutisch begleiten lassen. Aber sie dachte, sie würden es auch so schaffen, zwei Frauen, die sich lieben und so klar sind in ihren Wünschen; »es war ein Fehler«, sagt sie heute dazu.

Es dauerte dreieinhalb Jahre, bis ihr Sohn kam, sie war nun Anfang vierzig. Dazwischen lagen Amtsgänge, die zu erledigen, Formulare, die auszufüllen, Genehmigungen, die einzuholen gewesen waren. Sie war glücklich, dass nun alles geklappt hatte, aber auch sehr erschöpft. Die meisten Paare freuen sich über ihre Kinder, aber da sind plötzlich so viele neue Aufgaben zu erledigen, neue Rollen zu finden, man verändert sich, und so kann die Liebe leiden und schließlich verkümmern.

Trotzdem suchte Anna Huthmacher nicht nach einem Ausweg aus dieser Liebe. Da war kein Zweifeln, kein Grübeln. Sie empfand es als wunderschön, sich zusammen ein Zuhause zu schaffen, sie war stolz auf ihre Familie und sprach auf den Ämtern und woanders gern von ihrer Ehepartnerin als »meine Frau«.

Die neue Liebe traf sie sozusagen aus heiterem Himmel oder wie ein Blitz. Dass die Liebe mit einer Naturgewalt gleichgesetzt wird, ist kein Zufall. Anna Huthmacher aber weiß, dass ihr nachzugeben auch eine Entscheidung ist. Noch einmal anrufen oder es sein lassen? Sich aus dem Weg gehen oder ein Treffen verabreden? Das Gedankenkarussell drehte sich. Es ist ein Wesensmerkmal der Liebe, sich der Vernunft zu entziehen, aber anders als in jüngeren Jahren fiel es ihr schwerer, sich hinzugeben. Sie hatte mehr Verantwortung als früher, wollte eine loyale Ehefrau und eine Mutter sein, die dem Sohn ein sicheres Zuhause bieten kann. Auf einmal waren da Menschen, deren Liebe und Verletzlichkeit für ihre Entscheidungen eine Rolle spielten.

Ihre Mutter riet ihr dazu, der neuen Liebe nachzugehen. Anna Huthmacher sagt, sie sei erst irritiert gewesen, weil sie dachte, ihre Mutter habe gewollt, dass ihre Tochter mit einem Mann lebt. Doch bald verstand sie, dass ihre Mutter sich für sie wünschte, was großen Teilen ihrer eigenen Generation oft versagt geblieben war: auf ihr Herz zu hören.

Liebe ist ein eindeutiges Gefühl, es gibt sie nicht halb, was aber aus ihr folgt, kann tatsächlich kompliziert sein. Das liegt auch daran, dass im Abendland als Fortsetzung der Antike ein komplexer Begriff der Liebe entstanden ist, der bis heute fortwirkt. Drei Formen der Liebe werden unterschieden: zum einen

Éros, die erotische Liebe, die Leidenschaft. Zum anderen Philía, das gegenseitige Verstehen. Und schließlich Agápē, die selbstlose Liebe, die Nächstenliebe. Die Idealform der Liebe in Partnerschaften setzt sich aus allen drei Formen zusammen. Es gehört zum Erwachsensein dazu, nicht allen Impulsen zu folgen. Um bei den antiken Begriffen zu bleiben: Éros fordert aber genau das ein. Im Sinne der Agápē ginge es immer auch darum, darauf zu achten, was die eigenen Handlungen für andere, die »Nächsten«, bedeuten. Aber es kann auch sein, dass man sich nicht mehr entwickelt, wenn man Impulse ständig verleugnet. Einen Konflikt durchzustehen wiederum, kann einen selbst – und auch die anderen, die daran beteiligt sind – reifen lassen, im Sinne von Philía also, des gegenseitigen Verstehens.

Anna Huthmacher brauchte viele Monate, bis sie sich entschied, dem deutlicheren Impuls zu folgen. Sie wollte mit dem Mann zusammen sein, in den sie sich verliebt hatte. Sie hat den Konflikt, der daraus folgte, auf sich genommen, hat ihn durchgestanden und dabei einen Weg gefunden, der Verantwortung, die aus der Liebe zu ihrer Frau und zu ihrem Sohn erwachsen ist, nachzukommen und dabei gleichzeitig die Verantwortung für ihre eigenen Gefühle zu tragen.

Der kanadische Psychologe Albert Bandura hat in den 1970er-Jahren in dem in der Fachzeitschrift *Psychological Review* veröffentlichen Aufsatz »Self-Efficacy« den Begriff der »Selbstwirksamkeit« geprägt. Gemeint ist die Überzeugung einer Person, auch schwierige Situationen aus eigener Kraft erfolgreich bewältigen zu können. Über Selbstwirksamkeit lässt sich wieder Ordnung in das Chaos bringen, das die Liebe am Anfang oft bereithält.

Heute wohnt Anna Huthmacher in der Nähe ihrer ehelichen Wohnung. Sie teilt sich die Erziehung mit der anderen Mutter im Wechselmodell, der Junge hat zwei Kinderzimmer, hier und dort, er sei stolz darauf, sagt sie. Sie erlebt ihn als neugierig und fröhlich. Sie wird nicht in die Stadt ihres Freundes ziehen, der weit weg wohnt, sie wird in der Nähe ihres Sohnes bleiben. Genauso wie sie vorher vor Fremden schnell klargestellt hat, dass sie mit einer Frau verheiratet ist, spricht sie auch heute offen aus, wie die Verhältnisse sind: zwei Mütter, ein Freund. Offenheit, sagt sie, sei für sie immer richtig gewesen. Zu bleiben, aber mit dem Herzen immer woanders zu sein, passe nicht zu ihr und könne ebenfalls verletzen, glaubt sie, vielleicht noch mehr, als zu gehen. Sie ist nicht frei von Schuldgefühlen, wenn sie an die Trennung denkt, aber sie schaut gern auf ihre Ehe zurück und sieht sich Fotos von ihrer Hochzeit an. Die Bräute hatten sich ihre Kleider in einem ähnlichen Schnitt anfertigen lassen, die eine suchte sich grüne Seide aus, die andere blaue. Sie sehen glücklich aus.

Für Anna Huthmacher ist es ein großes Glück, so sagt sie, gleich zweimal im Leben die Liebe gefunden zu haben. Anders, als es in früheren Generationen möglich war, können Menschen heute viel eher ihren Wünschen folgen, und in der Lebensmitte geschieht das bewusster, weil man sich besser kennt, und kann deswegen besser gelingen als in jüngeren Jahren. Wie schon die Entscheidung für ihre Frau war auch die für ihren Freund eine Entscheidung in Freiheit, sagt Anna Huthmacher. Und diese Freiheit ist es, die ihr Glück gebracht hat.

Verzeihen

Die Soulsängerin Joy Denalane und das Meistern von Konflikten

Ihre Eltern hatten sich immer eine Tochter gewünscht, sie hatten schon zwei Jungs, aber danach sah es eine Zeit lang so aus, als bekämen sie kein weiteres Kind mehr. Nach sechs Jahren wurde endlich sie geboren. Die Freude war groß, und so bekam sie diesen Namen: Joy.

Joy Denalane sagt, dass man ein ganzes Buch darüber schreiben müsste, auf welche Weise sich Namen auf ihre Trägerinnen und Träger auswirken, aber eines könne sie immerhin bestätigen, nämlich dass ihr Name tatsächlich das Grundgefühl ihrer Kindheit zum Ausdruck bringt. Sie war umgeben von der Begeisterung ihrer Eltern für ihre Kinder – insgesamt wurden es dann doch noch sechs. Joy Denalane schildert ihre Eltern als lebendig, stark und selbstbewusst, und sie hätten es verstanden, ihr diese Eigenschaften mitzugeben.

Sie ist als Person of Color zur Welt gekommen. Ihre Mutter war eine weiße Deutsche, ihr Vater ist ein schwarzer Südafrikaner. Rassismus war und ist ein Thema im Leben von Joy Denalane, so wie der Feminismus. So haben viele ihrer Songs, wie zum Beispiel »Im Ghetto von Soweto«, »Höchste Zeit« oder »Wem gehört die Welt«, politische und gesellschaftskritische Aspekte.

Ihre Eltern brachten ihr früh bei, sofort zu reagieren, wenn sie jemand wegen ihrer Hautfarbe beschimpfte oder schlecht behandelte. Um dem anderen bewusst zu machen, was er tat, sollte sie zurückfragen: Wie meinen Sie das? Warum sagen Sie das? »Ich sollte nicht einfach nur antworten mit einer Gegenreaktion, sondern versuchen, eine Frage zu formulieren, durch die man die Leute mit ihren Aussagen konfrontiert. Ich sollte mir das Recht nehmen, diese Aussage zu hinterfragen und sie mir erklären zu lassen.« Manchmal hat das sogar gewirkt. »Ich sollte mich unter gar keinen Umständen ohnmächtig fühlen, unter keinen«, sagt Joy Denalane.

Wenn es einem gelingt, sich so zu behaupten, eröffnet das ein ganzes Spektrum an weiteren Reaktionsweisen. Falls man dies möchte, so wird es sogar möglich zu verzeihen. Frauen fällt es oft schwer zu zeigen, dass sie wütend sind und dass Grenzen des Erträglichen überschritten wurden, denn tradierte Rollenbilder sehen Wut, Aggression oder Widerspruch nicht vor. Wer keine Möglichkeiten hat, zum Ausdruck zu bringen, mit etwas nicht einverstanden gewesen zu sein, dem fällt es oft schwer, dies zu verzeihen. Allerdings bringt es auch niemandem etwas, zu verzeihen, bevor ein Konflikt wirklich ausgetragen wurde. Deswegen ist die Abfolge von Selbstbehauptung, wie Joy Denalane sie gelernt hat, und Verzeihen entscheidend. Denn mit dem Verzeihen erweitert man die Selbstbehauptung: Man zeigt, dass der oder die andere keine Macht mehr über einen hat. Ansonsten »bindet uns die Rache an die Tat«, sagt die deutsche Philosophin und Journalistin Svenja Flaßpöhler in ihrem Buch *Verzeihen*, und damit auch an den Täter.

Es ist aber nicht immer möglich zu verzeihen, und manchmal ist es nicht einmal richtig. Es gibt Unrecht, das so groß ist, dass es jede Dimension sprengt. Die Vernichtung der Juden war für den französischen Philosophen Vladimir Jankélévitch, der in seinen *Essays zur Moral und Kulturphilosophie* viel über das Verzeihen nachgedacht hat, ein Kulturbruch, der die Grenzen des Verzeihens eindeutig sprengte. »Verzeihen kann keine normative Forderung sein«, sagt Flaßpöhler. Es könne nicht abverlangt werden. Es muss jedem und jeder selbst überlassen werden, es zu wollen und zu können. »Vergebung«, schrieb der französische Philosoph Jacques Derrida in seinem Werk *Vergeben*, könne auch kein Kalkül sein.

Verzeihen eröffnet Möglichkeiten: das, was passiert ist, in der Vergangenheit zu belassen und sich einer neuen Zukunft zuzuwenden. Ein solches Verständnis hat der Wissenschaftler Thomas Dürr in seiner Schrift *Hannah Arendts Begriff des Verzeihens* aus dem Werk der Philosophin herausgelesen. Arendt sei es um ein »versprechendes Verzeihen« gegangen, das Vergangenheit und Zukunft im Blick behalte.

Auch für Joy Denalane ist Verzeihen die Voraussetzung, um »etwas abschließen, sich auf etwas Neues richten zu können und keine Altlasten mitzunehmen«. Jetzt, in der Lebensmitte, hat sie viel Erfahrung damit, Konflikte erst auszutragen – sowohl politische als auch private –, sie dann durchzustehen und schließlich loszulassen.

Sie wurde 1973 in West-Berlin geboren, ihre Eltern waren vor der Geburt ihrer Kinder aus Heidelberg dorthin gezogen. Sie hofften, dass sie es hier alle leichter haben würden als in der kleineren Stadt in Süddeutschland, denn Berlin ist größer, anonymer, »diverser, kosmopolitischer«, wie Joy Denalane sagt. Ihr Vater war 1960 aus Johannesburg nach Deutschland gekommen, um in Heidelberg Zahnmedizin zu studieren. Ihr Großvater engagierte sich in Südafrika im Kampf gegen die staatlich institutionalisierte Rassentrennung, die sogenannte Apartheid, ihr Onkel war mit dem langjährigen Staatshäftling und späteren Präsidenten Nelson Mandela befreundet. Der anglikanische

Geistliche Desmond Tutu war ein Lehrer ihres Vaters gewesen, erzählt Joy Denalane, und Hugh Masekela wiederum, einer der einflussreichsten Musiker Südafrikas und ebenfalls Aktivist gegen das Apartheitsregime, mit dem sie für ihr Album *Mamani* zusammenarbeitete, sei ein enger Freund des Vaters gewesen.

Als Kind beschäftigte sie sich mit allem, was in der Wohnung der Familie herumlag, das konnten Monografien über Zahnkrankheiten sein, die der Vater für seinen Beruf brauchte, oder eben Bücher über die Apartheid. Die Erzählungen vom Schüleraufstand, der sich 1976 im südafrikanischen Soweto formiert hatte und bei dem auf Kinder geschossen worden war, brachten sie zum Weinen. Ihr Vater jedoch habe immer nur eher nebenbei erwähnt, wie gut er die Bürgerrechtler seines Landes gekannt hatte, »tröpfchenweise im Verlauf der Jahrzehnte ist das rausgekommen«, sagt Joy Denalane, wenn der Fernseher lief zum Beispiel und einer der Herren auf dem Bildschirm zu sehen war. Wenn seine Freunde aus Südafrika, Ghana oder Nigeria, die ebenfalls in Berlin lebten, zu Besuch waren, unterhielten sie sich über Politik.

»Ein Paar wie meine Eltern war im Deutschland der 1960er-Jahre ein Politikum«, sagt sie. Und nicht nur hier, sondern auch in Südafrika. Die Mutter durfte mit ihrem Mann nicht in dessen Heimat einreisen, ein Gesetz dort verbot sogenannte gemischte Ehen. »Ich bin aufgewachsen mit dem Wissen über den tiefen Rassismus, der in der Menschheit verankert ist, das Thema hat mich umgeben.« Ihre Mutter habe als Ehefrau eines Afrikaners viel von der Diskriminierung, die ihren Kindern und ihrem Mann widerfahren ist, mitbekommen.

Doch Joy Denalane konnte mit ihrer Mutter nie genauer über all das reden, sie starb schon 2001 an Krebs, als Joy Denalane noch keine dreißig Jahre alt war. »Leider war ich damals noch nicht so weit, mit meiner Mutter über ihre Ehe zu sprechen«, sagt sie. Mit den Eltern über deren Verletzungen und Gefühle zu reden, wird manchmal erst möglich, wenn das eigene Leben existenzielle Fragen herausfordert, und da ist man oft viel älter.

Die Mutter war ausgebildete Fotografin, nahm in Berlin aber eine Vollzeitstelle im Arbeitsamt an. Sie achtete sehr darauf, dass die Kinder morgens »wie aus dem Ei gepellt« aufbrachen: »Schon in den 1980er-Jahren gab es dieses Vorurteil, Kinder mit sogenanntem Migrationshintergrund wären ungepflegt, meine Mutter wollte zeigen, dass das nicht so ist.« Abends kochte die Mutter für die Familie, sah sich die Hausaufgaben an und las dann den kleineren Kindern noch etwas vor. »Sie hatte sechs Kinder und ist in jede Schule marschiert, um klarzumachen, dass sie mitbekommt, wenn ihre Kinder Rassismus erleben, sie hat auch Eltern einbestellt.«

Die Mutter habe ihren Kindern ebenfalls gesagt, »dass wir in einer männerdominierten Welt leben«. Sie war emanzipiert und zeigte ihren Töchtern, wie wichtig es ihr war, ihr eigenes Geld zu verdienen: »Wir alle, meine Geschwister und ich, sind in die Krippe gekommen, als wir sechs Wochen alt waren. Meine Mutter ist nach sechs Wochen zurück an die Arbeit.«

Auf chauvinistische Bemerkungen sollten ihre Töchter genauso reagieren wie auf rassistische: mit konfrontativen Fragen. »Das war wirklich ein gutes Training; aufmerksam zu sein, zu lernen, sich zu schützen. Heute aber denke ich, dass es nicht immer an uns sein sollte, auf Rassismus und Chauvinismus hinzuweisen.« Sie erwarte von der Mehrheitsgesellschaft, sich mit ihrem eigenen Rassismus zu beschäftigen, und sie erwarte von Männern, sich mit dem herrschenden Machtgefälle auseinanderzusetzen. Dann erst, so sagt sie, sei sie bereit zu verzeihen. »Natürlich: Man muss dauernd verzeihen. Aber dazu gehören zwei Parteien. Auf der Seite des Konfliktverursachers sollte eine

Reflexion stattfinden. Ich bin niemand, der an einem Groll festhält, aber ich verzeihe nicht einfach so, umsonst.«

1990, da war Joy Denalane siebzehn Jahre alt, wurde Nelson Mandela nach siebenundzwanzig Jahren aus der Haft entlassen und das Verbot des ANC, jener Anti-Apartheid-Bewegung, deren wichtigster Anführer Mandela war, aufgehoben. Einige Tage später leitete er in einer Rede in Johannesburg öffentlich seine Politik der Versöhnung, der *reconciliation*, ein und rief »alle Menschen, die die Apartheid aufgegeben haben«, zur Mitarbeit an einem »nichtrassistischen, geeinten und demokratischen Südafrika mit allgemeinen, freien Wahlen und Stimmrecht für alle« auf. Mandelas Politik der Versöhnung, des Verzeihens, war durchaus riskant und im Land umstritten, denn viele seiner Mitstreiterinnen und Mitstreiter sannen nach Jahrzehnten der Unterdrückung auf Rache. Verzeihen heißt dem Wortsinn nach Verzicht auf Vergeltung. Mandelas Haltung sei richtig gewesen, sagt Joy Denalane. In einer Serie des *Tagesspiegel* aus dem Jahr 2017 nannte sie den ersten schwarzen Präsidenten Südafrikas ihren »Helden«.

Die frühen 1990er-Jahre waren politisch eine Zeit des Aufbruchs – Südafrika wurde frei, der kalte Krieg war beendet –, für Joy Denalane persönlich markieren sie den Beginn ihrer Karriere. Als sie neunzehn war, überredete ihr damaliger Freund sie zu einem Vorsingen, sie wurde Sängerin zweier Bands. 1996 bekam sie ihren ersten Plattenvertrag. Das war »wie eine Art Diplom«, »ein Fuß in der Tür«, wie Joy Denalane es nennt, denn sie konnte damit auch ihren Eltern, die sich für ihre Tochter eine akademische Ausbildung gewünscht hatten, zeigen, dass ihr Weg eine Zukunft hat. »Soulmusik hatte ja keine besonders große Lobby in Deutschland, und deswegen war es meinen Eltern ein völliges Rätsel, wie ihre Tochter mit ihren musikalischen Vorlieben hier eine Karriere starten könnte.« Ihre Liebe zum Soul, einer

Musikrichtung, die aus Rhythm and Blues und Gospel entstanden ist, hatte sie schon als Kind entwickelt, als sie sich durch die Plattensammlung ihres Vaters hörte. Bis heute bewundert sie Aretha Franklin, hört den Schmerz und die Verletzung, aber auch die Hoffnung in deren Stimme, wenn sie »A Change is gonna come« sang, eine Hymne der amerikanischen Bürgerrechtsbewegung gegen die Rassentrennung.

Doch der Vertrag ließ ihr wenig künstlerische Freiheiten, sie sollte eine Popsängerin werden, sie aber wollte Soul machen und R&B. Bis heute erlebt sie, in welchem Maße Männer in der Musikindustrie das Sagen haben und immer wieder versuchen, über Künstlerinnen zu bestimmen: »Es ist normal, in einem Raum zu sitzen, die eigenen künstlerischen Vorstellungen zu präsentieren und dabei fast ausschließlich mit Männern allein zu sein. Dass das so ist, spiegelt auf ernüchternde Weise die Unterrepräsentanz von Frauen in Führungspositionen wider, dafür können die einzelnen Männer zwar nichts. Und es ist auch völlig in Ordnung, sich dann zu beraten und die Meinung anderer mit einfließen zu lassen. Aber wenn mir Männer sagen wollen, wie ich mich auf der Bühne bewegen soll oder dass ich doch mal bei meiner Kleidung darauf achten sollte, dass ich die Kurven mehr betone, und worüber ich in Interviews reden sollte, hört es bei mir auf. Das mache ich nicht mit.« Musikredakteure säßen manchmal lange Jahre auf ihren Posten und hätten die Deutungshoheit darüber, was relevant ist und was nicht: »Die haben ihre Vorstellungen von der Welt und wie sie funktioniert und entscheiden immer noch stark darüber, wer mitmachen darf und wer nicht.«

Es gebe einen Unterschied zwischen der Art und Weise, wie Frauen ihren Weg suchen müssen, und der Art und Weise, wie Männer ihren Weg wählen können, sagt Joy Denalane. »Ich finde es ermüdend, mit Männern zu reden, die hier keine Einsicht haben. Dann kann ich natürlich trotzdem weiterkämpfen und mich für Frauen starkmachen. Aber ich habe wenig Lust, Leuten ihre Privilegien zu erklären.«

Im Jahr 1999 suchte die Band Freundeskreis eine Sängerin für das Duett »Mit Dir« mit dem Frontmann Max Herre. Sie sang den Part, verliebte sich in Max Herre und heiratete ihn. Er bestärkte sie darin, das zu betonen, was ihr wirklich wichtig war. »Das waren natürlich meine *heritage*«, sagt sie, »und meine Liebe zum Soul.« Von nun an verband sie als eine der ersten deutschen Sängerinnen die deutsche Sprache mit Soulmusik und damit die beiden Stränge ihrer Herkunft. Seit 2020 ist sie bei Motown unter Vertrag, als erste deutsche Sängerin. Es ist das amerikanische Plattenlabel, das viele schwarze US-Künstler groß gemacht hat.

Ihr ist bewusst, dass sie nun selbst zu denjenigen gehört, die viele Privilegien genießen, will sich aber nicht darauf zurückziehen: »Ich möchte mit jedem Menschen ins Gespräch gehen können, der Privilegien auf diese Weise nicht hat, und sagen: ›Sicher kann ich nicht ganz nachvollziehen, was du erlebst, aber ich sehe dich.‹« Sie nutzt ihre Prominenz, um sich zu engagieren, zum Beispiel bei der europäischen »Initiative Keychange« die sich für die Gleichberechtigung von Frauen und Männern in der Musikbranche einsetzt, und glaubt, dass es genau darum gehe: andere im Blick zu behalten und die unterschiedlichen Voraussetzungen, mit denen Menschen ins Leben starten, anzuerkennen.

Tatsächlich entstehen Konflikte oft gar nicht erst, wenn Menschen sich gegenseitig im Blick behalten. Dann ist es auch nicht nötig, einander zu verzeihen. Ein Leben ganz ohne Konflikte ist aber weder denkbar noch wünschenswert, Konflikte machen Unterschiede deutlich. Sich in Konflikten behaupten zu können bringt jeden Einzelnen, jede Einzelne weiter.

Es gibt auch keine Liebesbeziehung ganz ohne Konflikte, denn das wäre eine Beziehung ohne echte Nähe. Einen Beziehungskonflikt durchzustehen, loszulassen und zu verzeihen, auch das hat Joy Denalane aus nächster Nähe erlebt. Max Herre und sie waren vier Jahre lang verheiratet und haben zwei Söhne. Als bekannte Musiker waren sie – um einen abgestandenen Begriff zu bemühen – das »Traumpaar« ihrer Branche. Als sie sich scheiden ließen, beschäftigte das ihre Fans.

»Ich glaube, was uns sehr geholfen hat, war, dass wir in der Trennung keinen Rosenkrieg geführt haben.« Sie hätten sich weiterhin respektiert und auch gemocht und über ihre gemeinsamen Kinder viel Kontakt gehabt: »Ich glaube, es ist ein Fehler, den viele Paare machen, wenn sie sich trennen, das Fundament, das noch steht, unnötigerweise einzureißen. Es ist wichtig, dass man sich nach einer Trennung trotz allem daran erinnert, was man eigentlich so sehr aneinander mochte, dass man das irgendwie auch mitnehmen kann, es sei denn, man wurde missbraucht oder hat Gewalt erfahren.«

Weil sie sich bemühten, weiterhin das Gute im jeweils anderen zu sehen, und weil sie sich verzeihen konnten, was nicht gut gewesen war, konnten sie sich aneinander wieder annähern. Drei Jahre nach der Trennung wurden sie wieder ein Paar.

Aber ohne deutlich zu machen, wo die Konflikte liegen, wäre das nicht gegangen. Es war der Ablauf, den Joy Denalane schon früh gelernt hat: den Konflikt zu erkennen, ihn anzusprechen, sich abzugrenzen und dann, wenn man sich vom anderen in der eigenen Verletzung gesehen und verstanden fühlt, zu verzeihen. »Wir hatten Lust, uns gemeinsam weiterzuentwickeln«, sagt Joy Denalane. »Wir lassen die Vergangenheit nicht einfach ruhen. Sie strahlt in unsere Gegenwart hinein. Aber wir finden einen Weg, mit diesen Verletzungen umzugehen, schauen nach vorne und bekommen es gemeinsam hin. Das funktioniert ziemlich gut.«

Ab einem bestimmten Lebensalter haben sich die Konflikte summiert. Dann ist es erleichternd, zumindest die loszulassen, die man loslassen kann. Bei manchen Problemen geht es nicht so schnell, diejenigen, die jetzt in der Lebensmitte sind, werden es wohl nicht mehr erleben, dass der Rassismus und die Ungleichheit zwischen Mann und Frau kein Thema mehr sind. Aber es gibt Fortschritte, auch hier. In der Lebensmitte weiß man, dass sich selten alles auf einmal zum Guten wendet, man kann die große Bedeutung kleiner Fortschritte wertschätzen.

Selbstbestimmung

Die Schriftstellerin Siri Hustvedt
und der Widerstand gegen Klischees

Es ist einige Jahre her, da besuchte ich Siri Hustvedt in ihrem Haus in Brooklyn. Als sie mir ihr Arbeitszimmer oben unter dem Dach zeigte, kamen wir am Zimmer ihres Mannes vorbei, im Stockwerk darunter. Er grüßte, ich grüßte kurz zurück und lief schnell weiter hinter ihr her. Oben angekommen, schaute ich mir das farbige Modell eines Gehirns an, das auf ihrem Schreibtisch stand. Siri Hustvedt hatte gerade ein Buch geschrieben, in dem es um Neuropsychiatrie ging: *Die zitternde Frau*.

Als wir später in den beiden Sesseln saßen, die unten im Erdgeschoss im Übergang von der Küche zum Wohnzimmer stehen, und uns über ihr Buch unterhielten, kam ihr Mann vorbei und brachte die Post. Irgendwann fuhr ein Taxi vor, Siri Hustvedt ließ sich nach Manhattan bringen, sie war dort mit der gemeinsamen Tochter verabredet. Er half ihr in den Mantel und wartete höflich mit mir am Eingang, bis mein Taxi kam. Es war nur ein kurzer Moment. »Ich habe gewusst, dass sie klug ist«, sagte er mehr zu sich als zu mir, als er ihr hinterher sah, »aber nicht, dass sie so klug ist.«

Ich mochte es, wie er sie sah. Und obwohl ich sie eigentlich nur aus ihren Büchern kannte, sprach für mich alles dafür, dass er recht hatte. Auf ihn hatte ich gar nicht so sehr geachtet bei meinem Besuch. Ich war ja ihretwegen dort. Zwar kannte ich auch einige seiner Bücher, und ich mochte sie auch, aber für mich als Leserin spielte sie die größere Rolle. Es waren ihre Frauenfiguren, die mir etwas über mich selbst erzählten: *Die unsichtbare Frau*, *Die Verzauberung der Lily Dahl*, *Was ich liebte*. Aber als mein Artikel über Siri Hustvedt veröffentlicht war – er endete mit dem Satz, den er beim Warten am Eingang über sie gesagt hatte –, sagte eine Freundin zu mir: »Wow, du warst allein mit Paul Auster.«

Er schien der Bekanntere von beiden zu sein. Inzwischen könnte sich das geändert haben, messen lässt sich so etwas ja kaum, auf jeden Fall aber gelten die beiden in Deutschland als das bekannteste amerikanische Intellektuellenpaar. Schriftstellerin und Schriftsteller, beide klug, beide erfolgreich, beide auf gegensätzliche Weise gut aussehend; sie blond und hell, er dunkel und düster. Und dann dieses Haus in New York, in dem sie oft Gäste empfangen – sie haben Glamour, sie und er und beide zusammen.

In der Öffentlichkeit aber gab es erst ihn und dann sie. Und das hatte Folgen. Nicht für ihn, aber für sie. Lange Zeit nahm man sie über ihn wahr. Als ich jetzt mit ihr telefoniere, um mit ihr über ihr Leben zu sprechen, merke ich schnell, wie wenig ihr dieser Blick gerecht wird. Sie begann schon mit dreizehn Jahren, Gedichte zu schreiben, und veröffentlichte diese bereits zu Studienzeiten. Sie habe schon früh gewusst, dass sie selbstbestimmt leben und Schriftstellerin werden wollte, sagt sie und klingt ein wenig ärgerlich, als ich sie frage, warum es so lange gedauert habe, bis sie ihren ersten Roman veröffentlichte, sie war da schon Mitte dreißig. »Ich habe nicht herumgesessen und Schokolade gegessen«, sagt sie. »Die Leute vergessen immer, dass ich eine Doktorarbeit geschrieben habe.«

Natürlich brauchte sie ihren Mann nicht, um ihren Weg zu gehen. Doch hielt es sich hartnäckig, dieses Bild von der Frau, die über ihren Mann wurde, wer sie ist. Es hatte gar nichts mit den beiden zu tun, damit, wie sie lebten oder wie sie sich selbst definierten; es entsprach einem uralten und weit verbreiteten Klischee. Und ein solches zu übernehmen ist immer leichter, als sich ein eigenes Bild zu machen. Auch die Schriftstellerinnen George Sand und Lou Andreas-Salomé fielen diesem Klischee zum Opfer, sie wurden und werden in erster Linie mit den berühmten Männern in Verbindung gebracht, mit denen sie zusammen waren, Frédéric Chopin und Rainer Maria Rilke.

Siri Hustvedts Geschichte ist die einer Frau, die sich von solchen Bildern befreit hat. Sie hat einen untrüglichen Blick für diese Bilder, die eine Gesellschaft entwirft und einfordert, sie sieht die Gefahr, die sich ergibt, wenn man sich diesen Bildern anpasst, und sie sieht die Chancen, die in dem Weg in die Eigenständigkeit liegen.

Sie wurde in den 1950er-Jahren in etwas hineingeboren, was an sich schon wie ein Klischee anmutet: Sie war ein Kind der gehobenen Mittelklasse, ihr Vater war Professor für norwegische und amerikanische Geschichte. Sie war weiß, sie war blond, sie war blauäugig. Die Gesetze der oberen Mittelklasse schrieben vor, dass Mädchen perfekt und nett zu sein haben und bestimmt nicht laut, nicht vorwärtsstrebend. Mädchen wurden für Wut und Aggressionen fast unmerklich bestraft. Sie lernten, Urteilen zu entgehen, indem sie sich anpassten an Wünsche, sich einschmeichelten. Die Mädchen sollten auf ein Ziel hin erzogen werden: »Ein altes Ziel, das sich zurückführen lässt auf Jean-Jacques Rousseaus Fantasien über die ›wahre Mutter‹«, sagt Siri Hustvedt. »Es ist ein Klischeebild, das es den Frauen schwermacht, aus ihren Rollen auszubrechen. Virginia Woolf beschrieb dieses Bild als ›Engel im Haus‹.« Frauen und Mädchen aus der Arbeiterklasse hingegen blieben verschont von dem, was Siri Hustvedt das »Drama ewiger Lieblichkeit und Häuslichkeit« nennt: »Sie müssen arbeiten.«

Ab einem bestimmten Alter, und Siri Hustvedt meint die mittleren Lebensjahre, würde es leichter, Beurteilung entweder zu akzeptieren oder als unwichtig abzutun. Doch Siri Hustvedt durchschaute die Gesetze, die sich hinter den Urteilen verbargen, schon als Kind. Sie lebte von vornherein an der Grenze zu etwas anderem, zu etwas, das abwich, und das verschaffte ihr die nötige Distanz. Die Eltern von Siri Hustvedt stammten aus Norwegen, ihre Mutter war dort geboren worden und erzählte ihr von dem Land. Sie las gern und viel, vor allem Romane, und sie versorgte ihre Tochter mit Büchern. Die Welten der Romane irritierten Siri Hustvedts eigene Welt. Sie wuchs zweisprachig auf und spricht auch heute noch Englisch und Norwegisch. Da blieb immer diese Verbindung zu Europa, zu dieser anderen Welt. Und Minnesota, der Bundesstaat, in dem sie aufwuchs, liegt an einer Landesgrenze, Minnesota schmiegt sich oben im Norden direkt an Kanada. Auch das sind zwei Welten, selbst wenn es erst einmal nicht so aussieht: Kanada und die USA.

Nach ihrem Schulabschluss brach Siri Hustvedt zum Studium nach New York auf. Sie war jung, groß, langbeinig und wirkte empfindsam und durchlässig. Die Männer interessierten sich für sie, begehrten sie, andere junge Frauen machten ähnliche Erfahrungen. Sie waren umgeben von männlicher Aufmerksamkeit, immer. »Ein Flirt kann großen Spaß machen, aber Belästigung ist eine Plage. Die Grenzen dazwischen werden ständig überschritten. Ich empfand das als sehr unerfreulich.«

Sie erinnert sich noch, wie sie im Spiegel ein Gesicht sah, »natürlich hübscher als mein heutiges«, aber eines, das ihr fremd gewesen sei. »Das war noch nicht ich, es passte nicht zu dem Gesicht, das ich von mir selbst im Kopf hatte: ein älteres, weiseres, nachdenklicheres Gesicht.« Das Gesicht, das sie später bekam. Ein Gesicht, das sie sich erarbeitet hat.

In New York studierte sie englische Literatur, aber nicht einfach so, wie eine, die vor allem selbst schreiben und deswegen herausfinden möchte, wie andere das machen. Sie studierte mit wissenschaftlichem Interesse und dem Blick einer Theoretikerin: auch Philosophie, auch Kunst, auch Geschichte. Schon damit befreite sie sich von einem Bild: nicht nur die Künste zu lieben, wie es von einer jungen Frau aus dem Bildungsbürgertum erwartet wird, sondern zu analysieren, was sie liebte, davon wegzurücken durch einen kritischen Blick. Eine Distanz einzunehmen, wie sie es schon als Kind gelernt hatte.

In dieser Zeit besuchte sie eine Lesung. Der Schriftsteller Paul Auster war schon ein wenig bekannt, aber nicht berühmt. Sie verliebte sich in ihn. Er war acht Jahre älter als sie, er war schon verheiratet gewesen, er hatte einen Sohn. Diese Liebe hätte eine Falle werden können: Junge, hübsche Frau, die Schriftstellerin werden möchte, heiratet einen Mann, der bereits dabei ist, ein erfolgreicher Schriftsteller zu werden.

Sie heiratete ihn zwar, aber sie hatte kein Interesse daran, dasselbe zu tun wie er, sondern schraubte sich erst einmal sieben Jahre lang in ihre Doktorarbeit hinein und besuchte weiter ihre Seminare. In dieser Ehe lebte sie selbstbestimmt, von Anfang an.

Ihr Mann fragte sie: »Du möchtest doch keine Professorin werden, warum machst du das?« Sie machte es, so sagt sie heute, um hin und her wechseln zu können, zwischen der Literatur und der Wissenschaft. Das ist eine große Herausforderung, denn die Wissenschaften erfordern eine andere Sprache, eine andere Art des Denkens als das Erzählen, aber sie wollte es schaffen. Wer Gegensätzliches in sich vereint, kann nicht mehr in ein Klischeebild hineingepresst werden und schützt sich auch selbst vor zu viel Anpassung an die eine oder die andere Rolle. Vielleicht gehört so jemand dann nie irgendwo ganz dazu, aber das strebte Siri Hustvedt auch nicht an. Sie wollte selbstbestimmt bleiben – als Schriftstellerin, als Essayistin und als Wissenschaftsautorin.

Als sie ihre Doktorarbeit schrieb, hatten sie und ihr Mann nicht viel Geld. Sie jobbte, »um uns satt und angekleidet zu halten«. Zweihundert Seiten umfasste am Ende ihre Dissertation. Sie verteidigte sie im Mai 1986, da war sie einunddreißig Jahre alt. Sie wurde danach schnell schwanger, bekam ihre Tochter Sophie und begann ihren ersten Roman. Vier Jahre später war er fertig.

Wegen ihres Doktortitels wird sie heute zu allen möglichen Kongressen zugelassen, auch zu medizinischen, wie über Psychiatrie, Hirnanatomie, Neurophysiologie, Genetik, Embryologie. Sie schreibt Bücher, in denen sie Wissenschaft erzählt und die Skepsis der Geisteswissenschaften auf die Naturwissenschaften anwendet: In ihrem Essay *Die Illusion der Gewissheit* greift sie ein Denkmodell der Neurowissenschaften an, das ihrer Meinung nach zu sehr zwischen Geist und Gehirn, Geist und Körper unterscheidet. In New York unterrichtet sie Ärzte in »Narrativer Psychiatrie«: Sie bringt ihnen das Erzählen bei.

Sie hat ihr Ziel erreicht, ist ein Unikat geworden: Roman, Sachbuch, Roman, Sachbuch, in ihren Essays verbindet sie beide Formen – sie legt sich nicht fest, ist immer woanders, als man gerade denkt. Es war ein langer Weg in dieses selbstbestimmte Schreiben. Mit dreißig hätte sie dort noch nicht sein können, wo sie zwanzig Jahre später war. Wer so viele Fächer im Blick behält, braucht Jahrzehnte des Lesens und des Nachdenkens.

Sie hat erlebt, wie schwierig es ist, sich von Klischeebildern zu befreien, aber dies sei nicht nur für Frauen schwierig, sondern auch für Männer. Männer trügen eine eigene Last der

Erwartung: Ständig müssten sie Ideen von Männlichkeit erfüllen, um nicht ihrerseits entwertet zu werden. Frauen müssten sich nicht gedemütigt fühlen, wenn sie andere Leute bedienten, wenn sie sich anpassten, Kompromisse suchten, wenn sie lächelten, zustimmten. Für Männer sei all das schwieriger. »Maskulinität ist nicht nur darüber definiert, einen Penis zu haben. Wenn Männer nicht stark und pflichtbewusst sind, dann gelten sie sofort als weiblich.«

So sind beide Geschlechter auf ihre Weise gefangen, für Männer wie für Frauen kann es mühsam sein, ihre Individualität zu behaupten und selbstbestimmt zu leben. Da die ideale Frau jedoch jung, der ideale Mann alterslos ist, kann es sein, dass Männer lebenslang Gefangene von Männlichkeitsidealen bleiben, während sich für Frauen die Möglichkeit ergibt, den Festlegungen ihres Geschlechts zu entkommen. So sieht es jedenfalls Siri Hustvedt: »Ich selbst habe es als befreiend empfunden, aus der männlichen Aufmerksamkeit zu verschwinden«, sagt sie. »In den mittleren Jahren hören viele Frauen auf, sich ständig den Kopf darüber zu zerbrechen, wie Männer sie einschätzen und was die Leute über sie denken.«

Mit fünfzig merkte sie, dass sie eine Autorität ausstrahlte wie nie zuvor, dass man ihr zuhörte. Sie sagt einen Satz, der sich so leicht nicht übersetzen lässt: »A door opens for mature women.« Für reifere Frauen öffnen sich Türen. »Geburtstage mit Nullen werden immer gefeiert. Ich erinnere mich an die Party zu meinem fünfzigsten Geburtstag mit großem Glück. Ich bin in ein neues Jahrzehnt eingetreten, und es hat mich gefreut.« Sie fühlte sich immer noch jung. »Mir war klar, dass ich noch viel Zeit vor mir haben könnte. Es war ein großer Moment. Ich wusste mehr als jemals zuvor, ich konnte meine Arbeit genauso machen, wie ich es mir immer gewünscht hatte: lesen, studieren, schreiben.«

Für Siri Hustvedt liegen die mittleren Jahre hinter ihr. Sie ist Jahrgang 1955. Ihre Gedanken sind bei ihrem siebzigsten Geburtstag und dabei, was sie dann noch können wird. »Auch wenn ich lange leben werde, habe ich mehr Zeit hinter mir als vor mir.« Ihre Eltern sind beide schon gestorben, ihre Mutter erst vor Kurzem, im Alter von sechsundneunzig Jahren. In ihren letzten Lebensjahren litt sie an Demenz.

»Es kam langsam und nicht vor ihrem neunzigsten Geburtstag. Und sie blieb auch sie selbst, behielt ihre Persönlichkeit, ihren Charakter. Sie erinnerte sich an ihre Vergangenheit, ihren Vater, ihre Mutter, ihre Kinder, ihre Enkelkinder. Sie konnte sich nur nicht mehr daran erinnern, was ich ihr zuvor gesagt hatte. Sie ist ja eine große Leserin gewesen, aber sie wusste nicht, was sie im Moment davor gelesen hatte, und so ergab sich für sie keine Geschichte, kein Zusammenhang mehr. Ich denke oft darüber nach, wie es für mich wäre, wenn ich nicht mehr lesen könnte. Es wäre wohl eine Katastrophe.« Selbstbestimmung ist in der Demenz nicht mehr möglich.

Sie hoffe, so sagt sie, sie könne so lange lesen und nachdenken, wie es irgend gehe. Denn »diese Bemühungen«, so nennt sie es, machten sie glücklich.

Fürsorge

Die Altenpflegehelferin Olga Schmidt und die Kraft, die aus Zuwendung entsteht

Olga Schmidt sieht den Menschen an, wenn sie bald sterben. Sie möchten nicht mehr essen, nicht mehr trinken. Das Gesicht wird spitz. Die Haut im Dreieck zwischen Mund und Nase wird hell. Die Finger sehen aus, als würden sie länger. Es ist die Erfahrung. Olga Schmidt hat lange auf Stationen mit Alten und Kranken gearbeitet.

Einige wissen selbst, dass es bald vorbei ist. »Olga, meine Zeit ist rum«, sagte einmal eine alte Frau zu ihr. Einige Tage später hatte Olga Schmidt Frühdienst, sie brachte das Tablett mit dem Frühstück und den Medikamenten in das Zimmer der alten Frau. Die Frau sagte, sie wolle geduscht werden und anschließend zum Frisör, das Mittagessen brauchte sie ihr jedoch nicht zu bringen. Als Olga Schmidt sie fragte, ob sie sich denn über Mittag hinlegen wolle, antwortete die Frau: »Nein, ich leg mir doch nicht die Haare platt – direkt nach dem Frisör«, und bat sie, sich noch einen Moment zu ihr zu setzen. Olga Schmidt setzte sich neben die Frau, die drückte ihr die Hand und sagte: »Danke.« Sonst nichts.

Am Nachmittag, vor dem Ende ihrer Schicht, schaute Olga Schmidt noch einmal im Zimmer vorbei. Die Frau saß auf ihrem Sofa, auf demselben Platz wie vorher. Sie war frisch frisiert, ihr Kopf war leicht zur Seite geneigt. Die Frau war tot. »Sie hat sich nicht umgebracht. Sie hat beschlossen zu sterben. Das gibt es.«

Olga Schmidt ist eine feine Frau mit einer sanften Stimme. Sie erzählt diese Geschichte am Schreibtisch ihres Zimmers zu Hause. Sie und ihre Familie leben in Schleswig-Holstein, ihr Mann ist Hausmeister der Grundschule am Ort, die Familie bewohnt das Hausmeisterhaus. Olga Schmidts Zimmer ist eine Art Praxis. Hier pflegt sie Hände und Füße, an den Wänden hängen Zertifikate, die zeigen, dass sie das gelernt hat. Sie macht das nur nebenbei. So wie sie abends manchmal nach alten Leuten in der Nachbarschaft schaut, für die der Pflegedienst wenig Zeit hat. Es macht sie glücklich, Verantwortung für andere zu übernehmen. Wenn sie die Nägel der alten Leute feilt, die zu ihr ins Haus kommen, kommt sie mit ihnen ins Gespräch. »Sie haben so viel zu erzählen«, sagt Olga Schmidt. Durch diese Gespräche hat sie das Land, in dem sie jetzt lebt, gut kennengelernt, sieht manches genauer als die Menschen, die hier geboren wurden. Und die alten Leute freuen sich, wenn sie berührt werden und gepflegt nach Hause gehen können.

Olga Schmidt kommt aus Kasachstan. Manchmal wundert sie sich noch, wie die Menschen hier in Deutschland mit ihren alten Müttern und Vätern umgehen. »Wochenlang kommen sie nicht zu Besuch. Manchmal monatelang. Sie nehmen die Alten nicht mit nach Hause, wenn es ans Sterben geht. ›Ich muss doch arbeiten‹, heißt es dann.« Und doch weiß sie, dass nicht immer Ignoranz oder Hartherzigkeit aus dem Verhalten der Kinder sprechen. Die Kinder sind meist weit weggezogen von den Orten, an denen sie aufgewachsen sind. Wenn die Eltern alt sind, haben sie die Lebensmitte erreicht, sind woanders verwurzelt, gefordert im Beruf, haben oft noch Kinder zu Hause wohnen.

Es gibt auch Theorien, dass sich in Deutschland Nationalsozialismus und Krieg noch immer auf das Verhältnis der Kriegskinder – der heute alten Leute – zu ihren Kindern – den Kriegsenkeln – auswirkten. Die Autorin Sabine Bode hat mehrere Bücher darüber veröffentlicht, so etwa *Kriegsenkel* und *Die vergessene Generation*. Sie beschreibt, wie gern Menschen in der Lebensmitte sich eigentlich mit ihren Eltern befassen würden, wie sie die Begegnungen aber als merkwürdig anstrengend empfänden. Traumata – und auch Schuld kann traumatisieren – würden sich von Generation zu Generation übertragen, oft ohne dass sich die Betroffenen sich dessen überhaupt bewusst seien.

Manchmal gelingt es, dass Kinder die Pflege ihrer Eltern übernehmen und die Beziehung sich für beide Seiten zum Guten wendet oder eine ohnehin schon gute Beziehung ein besonders schönes Ende nimmt, trotz aller Krisen, die zum Altern und zur Fürsorge gehören. Doch die eigenen Eltern zu waschen, zu füttern, zu windeln, zu bewegen, den Überblick darüber zu behalten, was medizinisch und organisatorisch zu tun ist, macht nur zu deutlich, wie sich die Rollen umgekehrt haben; nicht jede und jeder hält das aus, und es sollte in einem wohlhabenden Land nicht nötig sein, das aushalten zu müssen. Oft ist es besser, wenn jemand von außen hilft. Distanz kann Verhältnisse ordnen.

Olga Schmidt wurde 1974 in einem kleinen sowjetischen Dorf geboren. Schon als Kind hatte sie gern Kontakt mit alten Leuten und ging fünfundzwanzig Kilometer zu Fuß, um ihre Großeltern zu besuchen. Sie wollte Ärztin werden, aber als sie ihren Schulabschluss machte, brach die Sowjetunion zusammen, Kasachstan wurde eigenständig, alles änderte sich. In der Sowjetunion hätten die Eltern für die Ausbildung der Kinder nicht aufkommen müssen, nun aber schon, und Olga Schmidts Eltern konnten ihr kein Medizinstudium bezahlen. Also ging sie als Weberin in eine Fabrik.

Mit neunzehn heiratete sie den Mann, den sie schon mit sechzehn kennengelernt hatte. Er ist Russlanddeutscher und verließ Kasachstan 1994 in Richtung Deutschland. Da sie selbst keine deutschen Wurzeln vorweisen konnte, durfte sie ihn erst mal nicht begleiten, aber sie reiste ihm hinterher. Sie war schwanger und wäre im Flugzeug nicht mehr mitgenommen worden, also nahm sie den Zug: über Moskau und Kaliningrad nach Berlin und von dort mit dem Bus nach Hannover. Bald nachdem sie im Aufnahmelager angekommen war, kam ihr Kind zur Welt. Irgendwie schafften sie es, in Deutschland zu bleiben, und zogen in eine Wohnung mit drei Zimmern. Bald darauf bekam sie ihr zweites Kind. Sie blieb fünf Jahre zu Hause. Es war viel zu tun, und sie kam nicht dazu, Deutsch zu sprechen, aber sie wollte die Menschen, die hier leben, kennenlernen.

Olga Schmidt denkt in Beziehungen, entwickelt sich gern und weiß, dass ein guter Kontakt beide Seiten bereichert, fordert und fördert. An einem neuen Ort Beziehungen zu knüpfen verhilft dazu, dort anzukommen, sich zu Hause zu fühlen, dort vielleicht sogar Wurzeln zu schlagen. Beziehungen können misslingen, aber auch daraus lässt sich lernen.

Als sie als Altenpflegehelferin anfing, war in den Heimen noch Zeit, mit den Bewohnerinnen und Bewohnern Spiele zu machen, sie zu maniküren, mit ihnen gemeinsam auszusuchen, was sie anziehen wollten, sich ausführlich mit ihnen zu unterhalten. Damals, vor zwanzig Jahren, gingen alte Menschen früher ins Heim. Sie konnten sich zwar selbst versorgen, aber sie wollten sich am neuen Ort einfinden, solange es ihnen noch gut ging. Heutzutage versuchen alte Menschen, mithilfe der mobilen Pflegedienste lange zu Hause zu bleiben. Sie gehen meist erst ins Heim, wenn sie schon gebrechlich sind, denn sie wissen, dass die Zeit, die die Pflegerinnen und Pfleger hier für sie haben, immer knapper bemessen wird. Olga Schmidt rannte zuletzt von Zimmer zu Zimmer: die Bettlägerigen waschen und umdrehen, Medikamente geben, dann weiter und immer weiter. »Manche Menschen glauben, dass das, was wir machen, auch Roboter tun könnten«, sagt sie.

Olga Schmidt sieht den Beruf anders, und auch die Forschung für Pflegeberufe setzt höhere Maßstäbe. Marianne Rabe, die Pädagogische Geschäftsführerin der Charité Gesundheitsakademie, betont in ihrem Vortrag »Fürsorge und Selbstsorge als ethische Grundorientierungen der Pflege«, wie sehr diese beiden Aspekte zusammenhängen: Hilfsbedürftige sollten als »personales Gegenüber« verstanden und in all dem bestärkt werden, was sie selbst noch tun könnten. Fürsorge sollte nicht bevormunden, es gehe darum, den besten Weg für den Patienten und für die Patientin zu finden. Auch der oder die Pflegende sollte sich nicht selbst aufopfern, sondern Grenzen ziehen und diese auch zeigen. Es gehe um echte Beziehungen und darum, echt zu bleiben in diesen Beziehungen.

Körper müssen versorgt werden, aber der ganze Mensch braucht mehr als Essen und eine immer neue Liegeposition. Er braucht Berührung, Ansprache, Mitgefühl, damit die Alten das Leben noch als lebenswert empfinden und die Jüngeren verstehen, mit wem sie es zu tun haben. Sinn entsteht für die meisten Menschen erst im Miteinander, das gilt für die Pflegenden selbst, aber vor allem für alte Menschen, auch für diejenigen, deren geistige Fähigkeiten schwinden.

Der Begriff der *conditio humana* bezeichnet die gemeinsame menschliche Grundsituation, sie schließt die Einsicht ein, dass Schwäche zum Menschsein dazugehört. Fürsorge ist ein Fundament einer funktionierenden Gesellschaft.

Olga Schmidt hatte immer Freude an ihrer Arbeit. Aber es tat ihr leid, wenn die Alten lange auf sie warten mussten. Und mit ihrem Gehalt war es ihr nicht möglich, ihre Familie mit den drei Töchtern so mitzuversorgen, wie es ihr angemessen vorgekommen wäre – sie arbeitete ohnehin viel und hart.

Soziale Berufe werden »Frauenberufe« genannt. Die Gründe dafür liegen weit zurück. Marianne Rabe zitiert aus einem historischen Dokument aus dem Jahr 1901: »Von Hause aus, seiner Natur nach, besitzt der Mann alles eher als Selbstlosigkeit. Der Mann ist Egoist und soll es auch sein; er hat sein eigenes Ich, seine Individualität scharf auszuprägen und zu behaupten. Die Frau ist dazu bestimmt, mit ihrer Person zurückzutreten, sich selbst zu vergessen, sich aufzuopfern für andere; ihr allein gebührt dafür auch die Palme der Selbstlosigkeit. Schon die Natur weist der Frau diese entsagungsvolle Stelle an, sie richtet des Weibes Denken und Trachten von allem Anfang an auf Selbstlosigkeit und Selbstvergessen.«

Wenn Frauen im 19. Jahrhundert eine Ausbildung machen konnten, dann in den neuen sozialen Berufen. Die Industrialisierung schuf Arbeitsplätze, aber auch Armut. Familien wurden auseinandergerissen, weil ein Teil in die Stadt ging, um in den Fabriken zu arbeiten. Unverheiratete Frauen konnten nicht mehr einfach auf den Höfen oder in den Handwerksstuben mitarbeiten, sie mussten sich selbst versorgen. Als Krankenschwestern, als Kindergärtnerinnen konnten sie das. Es waren Berufe für Frauen, die das, was in der Gesellschaft eigentlich wichtig genommen wurde, verfehlt hatten: die Heirat. Deswegen »verdienten« sie auch nicht so viel.

In der ersten Hälfte des 20. Jahrhunderts wurde es auch für junge Frauen aus wohlhabenderen Verhältnissen üblicher, einen Beruf zu erlernen. Die Ausbildungen wurden ihnen, so hieß es, von den Eltern »ermöglicht«. Junge Männer ließ man studieren, den Töchtern machte man etwas möglich. Als sei es bereits ein besonderes Geschenk, als Frau einen Beruf erlernen zu dürfen – dann musste dieser auch nicht so gut bezahlt sein.

Heute heißt es oft, Frauen sollten keine sozialen Berufe lernen, sondern eine Ausbildung anstreben, mit der sie mehr Geld verdienen. Der Wert von Arbeitnehmerinnen und Arbeitnehmern wird meist daran gemessen, ob sie Karriere machen, nicht daran, was sie leisten. Eine alternde Gesellschaft aber braucht Menschen, die soziale Berufe übernehmen, und die sie gern übernehmen. Wenn mehr Männer diese Berufe ergriffen, wären sie mehr wert. Seit Jahrzehnten liegt der Frauenanteil in den Sozial- und Erziehungsberufen konstant bei über 70 Prozent. Auch um die Pflege von Angehörigen kümmern sich überwiegend Frauen. In jedem vierten Fall eine Tochter, in rund jedem zehnten ein Sohn.

In ihrem letzten Jahr als Altenpflegehelferin erlitt Olga Schmidt einen Bandscheibenvorfall. Sie hatte zu viele schwere Körper gehoben. Sie war Mitte vierzig und wusste, dass sie etwas an ihrem Leben verändern musste. Sie entschied sich für eine Ausbildung zur Intensivkrankenschwester, ein medizinischer Beruf, das, was sie immer schon wollte, und besser bezahlt.

Die anderen, die mit Olga Schmidt die Ausbildung begonnen haben, sind so alt wie ihre Kinder. Olga Schmidt hat so viele Kranke und Sterbende betreut, sie merkt nun schon im ersten Ausbildungsjahr, wie viel ihre Vorgesetzten ihr zutrauen. Sie werde nicht als Anfängerin behandelt, sagt sie.

Die Ausbildung ist für sie ein neuer Anfang, wie es viele neue Anfänge in Olga Schmidts Leben gab. Aber es ist ein Anfang, der auf vielem aufbaut, das sie schon kann: Sie kann Deutsch sprechen, sie kann pflegen, sie hat ein Zuhause, die Kinder sind groß. Es ist der leichteste Neuanfang ihres Lebens, und dieser Anfang steht auch für ein Ende. Sie hat sich nicht nur aus dem zuletzt unlösbaren Konflikt befreit, mehr Zeit haben zu wollen für die Alten, aber sie sich nicht nehmen zu dürfen, sondern sichert sich mit ihrer Ausbildung besser ab. In einem Fachkräftearbeitsmarkt wie dem deutschen ist es immer besser, eine Ausbildung zu haben. Olga Schmidt hat, wenn auch auf jeweils völlig unterschiedliche Weise, zweimal erlebt, wie ein Staat seine Struktur verlor: im Großen beim Zusammenbruch der Sowjetunion, im Kleinen beim anhaltenden Pflegenotstand in Deutschland. Sie musste eine eigene Struktur dagegensetzen und hat es geschafft.

Eine Gesellschaft kann im Großen ihre Reife beweisen, wenn sie Einsicht in die *conditio humana*, in die Verletzlichkeit des Menschen, beweist und Strukturen schafft, in denen Fürsorge angemessen ausgeübt werden kann. Im Kleinen reift der einzelne Mensch, wenn er fürsorglich mit anderen umgeht und Verantwortung für sich selbst übernimmt. Denn Fürsorge im eigentlichen Sinne ist ja nur möglich, wenn zwei Kriterien erfüllt sind: sich selbst zu kennen und damit die eigenen Grenzen zu achten, und zugleich von sich selbst absehen zu können. Beide Kriterien sind Kennzeichen von Reife, die nur zu erlangen ist, wenn man es ausgehalten hat, sich Konflikten zu stellen. Es gibt junge Menschen, die erstaunlich reif sind, weil sie bereits Situationen überstanden haben, die jede Sicherheit nahmen. Die meisten erreichen Reife erst in der Lebensmitte, einige erreichen sie nie.

Olga Schmidts Leben war bisher angefüllt mit Arbeit, und das wird auch so bleiben, denn sie arbeitet gern, und sie muss Geld verdienen. Aber gerade in der Pflege hat sie gelernt, dass es auch Zeiten geben muss, in denen sie an sich denkt. In der Lebensmitte lässt sich nicht mehr alles über Kraft herstellen. Wer ausgebrannt ist, kann nicht mehr fürsorglich sein. Und da ihre Kinder ihre eigenen Wege gehen, kann sie nun mehr an sich denken, als es in den Jahren möglich gewesen ist, in denen sich die Familie hier erst ihr Leben aufbauen musste.

Ihre Hochzeit in Kasachstan war nicht feierlich. Sie wurde in einer schnellen Standesamtszeremonie zu Frau Schmidt, ohne Brautkleid, ohne Gäste und ohne Feier, denn das hätten sie und ihr Mann sich nicht leisten können. Nun, in der Lebensmitte, aber hat sie denselben Mann, ohne jemals von ihm getrennt gewesen zu sein, noch einmal geheiratet. An ihrem zwanzigsten Hochzeitstag morgens zur Frühstückszeit verboten ihr ihre Kinder, in die Küche zu gehen, sie sollte draußen warten. Das war sonst nur an Geburtstagen üblich. Und dann wurde sie hereingerufen. Ein Kuchen stand auf dem Tisch, um den ihre drei Töchter und ihr Mann sich versammelt hatten. Vor den Töchtern fragte er sie, ob sie ihn diesmal in der Kirche heiraten wolle, in einem schönen Kleid, mit einem großen Fest. Einmal sollte es nicht um andere gehen, sondern nur um sie selbst.

Mutterschaft

Die Schriftstellerin Eva Menasse und das Glück, die eigenen Grenzen zu erkennen

Auf dem Weg zu Eva Menasses Wohnung liegt eine Schule. Nicht nur Frauen, auch Männer warten auf dem Platz davor auf die Kinder. Die Elternzeit für Väter, die Ende der 2000er-Jahre eingeführt wurde, hat manches an den Beziehungen in Familien geändert.

Wie man sein kann, als Vater, als Mutter, hängt auch davon ab, in welcher Zeit die Kinder klein sind, was gerade üblich ist, was nicht, wie sich die Politik auf Familien eingestellt hat. Es ist vieles besser geworden in den vergangenen Jahren: Rollen werden hinterfragt, es gibt mehr Betreuungsplätze, mehr staatliche und gesellschaftliche Unterstützung, weniger Tabus. Doch ganz überwunden sind sie noch nicht, die Tabus. Über manches, was mit Mutterschaft verbunden ist, wird nicht gesprochen, weil es mit Scham und Schmerz zu tun hat und mit dem Gefühl, nicht zu genügen.

Eva Menasse war Anfang dreißig, als sie befand, dass nun eine gute Zeit wäre, um Kinder zu bekommen. Sie war verheiratet, sie war gesund, und sie machte sich keine Gedanken darüber, dass irgendetwas schiefgehen könnte. Als der Schwangerschaftstest ein eindeutiges Ergebnis zeigte, ging sie zu ihrer Frauenärztin, alles wirkte normal. Einmal hatte sie Schmerzen, wie Messerstiche im Unterleib, dann waren sie wieder weg. Als sie zum zweiten Mal zur Frauenärztin ging, suchte das Ultraschallgerät in ihrem Unterleib nach dem Embryo und fand ihn nicht. Die Ärztin sagte: »Gehen Sie nach Hause, und wenn Sie sich nicht gut fühlen, gehen Sie ins Krankenhaus – oder wissen Sie was, gehen Sie besser gleich ins Krankenhaus.«

Eva Menasse gibt die Worte der Ärztin wieder, bei ihr klingen sie weich und musikalisch. Ich stelle mir vor, wie anders die Ärztin damals geklungen haben muss. Eva Menasse ist Wienerin, die Arztpraxis aber liegt in Berlin, in Schöneberg, wo Eva Menasse damals lebte.

Ihren ersten Roman und alle weiteren schrieb Eva Menasse in Berlin. Sie fühlt sich hier nicht ganz zu Hause, aber sie fühlt sich wohl und frei. Sie wurde 1970 in Wien geboren, mit Ende zwanzig ging sie weg von dort. Sie hatte ihre Gründe. Ihre Familie lebte seit Generationen dort; der Vater, der Bruder – sie waren bekannt in der Stadt und hatten ihre eigene Geschichte hier. Eva Menasse aber wollte eine eigene Geschichte in einer eigenen Stadt.

Hans Menasse, der Vater, war als jüdisches Kind in Wien vor den Nazis gerettet und 1938 mit einem der Kindertransporte nach Großbritannien gebracht worden. Zwei Jahre nach Kriegsende ging er zurück und trat in die Fußballmannschaft Vienna ein. Der Verein holte 1955 den Meistertitel, Hans Menasse wurde als Rechtsaußen in der Nationalmannschaft bekannt. Robert Menasse, der Bruder, arbeitet als Schriftsteller, ist sechzehn Jahre älter, hatte schon früh Erfolg.

Ihre jüngere Schwester, erzählt Eva Menasse und lacht, sei eine »stadtbekannte Schönheit«. Die Mutter sagte über die beiden Töchter: »Ich hab eine Schöne und eine Gscheite.« Eva Menasse war die Gescheite. Sie ist groß, langbeinig, hat dunkle

Locken – es war nicht fair, für beide nicht, nur das eine oder das andere sein zu dürfen.

Von der Arztpraxis damals ging sie ins nächste Krankenhaus. Zufällig war es die Spezialklinik für das, was ihr passiert war: Sie hatte eine Eileiterschwangerschaft. »Als ich aus der Narkose aufwachte«, erzählt sie, »beugte sich der Operateur über mich und sagte fast triumphierend: ›Sie waren mein zweitschlimmster Fall in all den Jahren‹.« Auf der Station dann sei »ein wahnsinnig netter asiatischer Arzt« an ihr Bett gekommen, er habe gesagt, sie sei noch jung, sie solle es weiter probieren. Sie wurde mehrmals erneut schwanger und geriet jedes Mal in Gefahr. Immer wieder ging etwas schief.

»Es geht in den feministischen Diskursen ja immer darum, dass Frauen all das dürfen sollen, was Männer selbstverständlich dürfen, wenn sie die Befähigung dazu haben: in einen Aufsichtsrat berufen werden, in einen Vorstand«, sagt Eva Menasse. Aber bei dem, was nur Frauen könnten, das Kinderkriegen, da fehle es an Einordnung. Auch wenn es um Frauen gehe, die eben nicht schwanger werden könnten oder Schwierigkeiten hätten, ein Kind auszutragen. »Ich glaube, dass die Frauenbewegung diesem Thema bis heute ausgewichen ist.«

Die amerikanische Journalistin Ariel Levy sagt in einem Interview mit der *Frankfurter Allgemeinen Zeitung* über ihr autobiografisches Buch *Gegen alle Regeln*, in dem sie eine Fehlgeburt schildert, sie verstehe, dass Frauen eine Weile nicht über ihre Körper, über Geburten sprechen wollten, dass sie gefordert hätten: »Konzentriert Euch auf unsere Gehirne.« Doch zu gebären, »das archaische Zeug«, sei eine »spezifische Erfahrung für Frauen, die es für Männer einfach so nicht gibt«. Für Schriftstellerinnen und Schriftsteller oder Künstlerinnen und Künstler sollten alle Erfahrungen gültige Themen sein: »Nur weil etwas eklig oder weiblich ist, heißt das nicht, dass ich nicht darüber schreiben werde. Und je mehr wir diese Dinge als legitime Gesprächsthemen ans Licht bringen, desto weniger denken wir, es ist irgendwie geheim und man muss sich daran halten, was die ›Experten‹ sagen. Ich habe so oft von Frauen gehört, die erleichtert waren, dass jemand im Radio über die eigene Fehlgeburt spricht. Da denke ich dann: Stimmt, warum geben wir nicht zu, dass das eine große Sache ist? Es ist die einflussreichste Erfahrung, die ich in meinem Leben gemacht habe.«

Eva Menasse hat ihre Schwierigkeiten, Kinder zu kriegen, ebenfalls schriftstellerisch bearbeitet und in einem Essay für den *Spiegel* öffentlich gemacht. Zu der Zeit, als der Essay erschien, gab es politischen Streit um die Präimplantationsdiagnostik, der Essay argumentierte politisch, bis fast zum Schluss. Die Autorin plädierte vehement für das umstrittene Verfahren, zumindest für die kleine Gruppe von genetisch vorbelasteten Paaren, bei denen die Frauen ansonsten gezwungen wären, immer weiter tote oder schwerstbehinderte Kinder zur Welt zu bringen. Am Ende erst erzählte sie kurz von ihrem eigenen Schicksal. Eva Menasse behält das Politische immer im Blick, bei diesem Thema war es ihr wichtiger als das eigene Schicksal.

Es habe sie umgetrieben, dass sie etwas »nicht konnte«, so heißt es ja, was andere Frauen »können«. Es war schon immer Ausweis weiblicher Leistung und des Wertes einer Frau, schwanger werden zu können. Nicht nur Königinnen sind verstoßen worden, wenn die Nachkommen ausblieben. Ariel Levy schreibt über eine tiefe Trauer als Folge der Fehlgeburt, aus der es fast keinen Ausweg gab. Denn zu der Trauer um das verstorbene Kind kommt oft auch die um einen verlorenen Lebensentwurf. Einen Lebensentwurf, der gesellschaftlich weiterhin als der betrachtet wird, der am meisten Glück und Erfüllung verspricht: »Wer sein Leben richtig aufstellt – Eheschließung, Eigentum, Nachwuchs, erotische Erfahrungen –, wird glücklich«, schreibt die amerikanische Schriftstellerin Rebecca Solnit in ihrem Essay *Die Mutter aller Fragen* und fügt dann hinzu: »Dabei würde eine Millisekunde Nachdenken reichen, um einzusehen, dass zahllose Menschen all das haben und trotzdem unglücklich sind.« Solnit erzählt in ihrem Essay, wie Frauen ständig darauf angesprochen würden, ob sie Kinder hätten oder warum sie keine Kinder hätten, manchmal sogar, ob sie noch welche wollten oder jemals welche gewollt hätten. »Grundsätzlich«, so Solnit, »lag dieser Frage die Annahme zugrunde, dass es für eine Frau nur eine richtige Art zu leben gibt.«

Diese Frage offenbart ein geschichtlich geprägtes Denken, und die Geschichte ist nun einmal die des Patriarchats; sie hat Denk- und Rollenmuster hervorgebracht. Wer eine solche Frage stellt, nimmt an, es richtig zu machen – richtig im Sinne des einmal Erlernten –, aber übersieht dabei, dass sich hinter einer Antwort darauf oft großes Leid verbirgt. In Deutschland ist fast jedes zehnte Paar zwischen fünfundzwanzig und neunundfünfzig Jahren ungewollt kinderlos. Zwischen 2008 und 2018 ist die Zahl von 17 Prozent auf 21 Prozent gestiegen, und ein Großteil der Betroffenen empfindet ungewollte Kinderlosigkeit weiterhin als ein Tabu und als Defizit, Frauen noch mehr als Männer.

Anke Rohde, Professorin am Universitätsklinikum Bonn im Fachbereich Gynäkologische Psychosomatik, listet einen ganzen Katalog der »psychischen Begleiteffekte der Sterilität« auf: Trauer, Depression, Frustration, Schuldgefühle, Wut, Erschütterung des Selbstbewusstseins, Identitätsprobleme, Kontrollverlust über die eigene Lebensplanung, Veränderungen in der Paarbeziehung und im Sexualleben sowie im Sozialleben, Vermeidung von Kontakten mit Schwangeren und mit jungen Familien.

Und selbst wenn da gar kein Leid, gar kein Wunsch nach Kindern ist: Niemand möchte ständig begründen müssen, warum er oder sie keine Kinder hat. Es ist eine private Entscheidung.

Auch Eva Menasse litt unter den Fragen, der Verwunderung der anderen und unter Sätzen, die vielleicht aufmunternd gemeint waren, aber auf sie wirkten wie eine »Vernichtung«, wie sie sagt. Einer dieser Sätze lautete: »In unserer Familie hat man mit dem Kinderkriegen eigentlich nie Probleme gehabt.« Es brauchte lange, bis sie über solche Sätze hinweg war. Sie sagt, es habe ihr geholfen, älter zu werden. »Genau das lernt man dann endlich zu sehen: dass viele die Dinge nicht so gemeint haben, wie man sie erst einmal verstanden hat.« In einem ihrer Romane hat sie sich mit der Frage der Perspektive beschäftigt, seitdem reagiert sie toleranter darauf, was andere Menschen sagen. Sie schrieb *Quasikristalle*, als sie dreiundvierzig Jahre alt war. Das Buch erzählt das Leben ihrer Hauptfigur aus unterschiedlichen Blickrichtungen: aus der Perspektive der Hauptfigur selbst, aber auch und unter anderem aus der eines Mannes, der in diese Hauptfigur verliebt ist. Die Dinge unterscheiden sich, je nach Perspektive.

Eva Menasses Sohn wurde 2006 geboren, da war sie sechsunddreißig Jahre alt. Sie hatte ein wenig loslassen können, sich weniger selbst die Schuld gegeben und deshalb schließlich die künstliche Befruchtung erwogen. Aber genau dann stellte sich auf einmal dieses Kind ein, einfach so. Später wurde sie noch einmal schwanger – und wieder ging es schief. »Da war dann klar: Jetzt ist Schluss. Mehr kann ich meinem Körper nicht mehr antun«, erzählt Eva Menasse. »Es war eine furchtbare Entscheidung, den Ärzten zu sagen: Ja, nehmen Sie auch den anderen Eileiter raus. Das fühlte sich an wie eine Kastration. Ich habe mich körperlich nicht mehr komplett gefühlt, und es hat gedauert, bis es wieder so war wie früher.«

Heute wirkt sie glücklich mit dieser Entscheidung. Sie genießt es, Mutter zu sein, aber da ist kein Schmerz mehr darüber, dass sie keine weiteren Kinder bekommen konnte – ganz im

Gegenteil: »Als meine Schwester vor nicht langer Zeit noch ein Kind bekam, habe ich mich wahnsinnig gefreut. Es ist so süß und macht uns allen sehr viel Spaß. Aber gleichzeitig habe ich auch gemerkt: Windeln, Kotze, entzündete Brustwarzen, durchwachte Nächte – ich bin froh, dass das lange hinter mir liegt.«

Und es sei schön gewesen zu spüren, dass sich ein Wunsch erfüllt habe, es nun aber gut sei. In einer neuen Lebensphase zu sein und das meiste daran richtig zu finden.

Nicht bei allen Frauen verlaufen Schwangerschaften so dramatisch wie bei Eva Menasse, aber es kommt vor, und es ist nicht leicht, darüber zu reden, wenn die Zeitungen und Nachrichtenseiten voll sind von Berichten über Frauen, denen Schwangerschaften gar nichts ausmachen.

Für die meisten Frauen ist es ein großes Glück, Kinder zu haben. Aber Mutterschaft ist eben nicht die Bedingung eines glücklichen Lebens. Das schreibt auch die kanadische Schriftstellerin Sheila Heti in ihrem Buch *Mutterschaft*, in dem die Ich-Erzählerin nach einer Antwort auf die Frage sucht, ob sie ein Kind bekommen solle oder nicht: »Eines zu bekommen, scheint wunderbar. Aber man bekommt kein Kind, man bekommt eine Aufgabe. Ich weiß, dass ich mehr habe als die meisten Mütter. Aber zugleich habe ich weniger. In gewisser Weise habe ich gar nichts. Doch ich mag das und denke, ich will kein Kind.« Für die Ich-Erzählerin bleibt es bei der Entscheidung.

Mutterschaft macht auch verletzlich: die Sorge, den Kindern könne etwas passieren, das schlechte Gewissen, zu viel zu Hause zu sein oder zu wenig. In einer Kultur wie der deutschen, mit ausgeprägten Muttermythen, können es Frauen fast nur falsch machen. Die Professorin Barbara Vinken berichtet davon in ihrem Buch *Die deutsche Mutter*. Die Autorinnen Christina Bylow und Kristina Vaillant bestätigen es in ihrem Buch *Die verratene Generation*: »Mütter stehen unter Beobachtung, mit dem Muttersein allein sitzen Frauen schon auf der Anklagebank. Ist eine Frau als Mutter zu Hause, werfen ihr die berufstätigen Mütter und Frauen Verblödung und Faulheit vor. Ist sie voll berufstätig, werden die Kinder als Leidtragende und potenzielle Sorgenkinder der Gesellschaft beäugt und bemitleidet. Eine Mutter darf offenbar jeder bevormunden. Lehrer halten berufstätigen Müttern vor, sie hätten zu wenig Zeit für ihr Kind. Psychologen und Kinderärzte – die Gurus unter ihnen sind ausschließlich Männer – werfen immer neue Ratgeber und Klageschriften auf den Markt. In Millionenauflagen belehren diese Experten Mütter, so wie einst Wolfram Siebeck als schreibender Feinschmecker die deutschen Hausfrauen erzog. Der Ruhm gehört den Lehrmeistern, die wie Fixsterne über dem täglichen Einerlei von Erziehung und Haushalt schweben. Die eigentliche Arbeit gehört dem weiblichen Bodenpersonal.«

Egal, ob Frauen Kinder haben oder nicht, sie machen es falsch. Rebecca Solnit schreibt: »Wenn man sich anschaut, wie kontinuierlich auch Mütter noch als unzulänglich dargestellt werden, ist es fraglich, ob es für Frauen überhaupt eine ›richtige Art‹ (zu leben; Anm. d. Verf.) gibt.« Und schon die französische Feministin und Philosophin Simone de Beauvoir stellt in ihrem Hauptwerk *Das andere Geschlecht*, erschienen 1949, fest, dass Frauen seit jeher als »unvollständig« betrachtet würden – weil sie keinen Penis hätten.

Wenn die Kinder schließlich ausziehen, ist das ein Abschied – von den Kindern, von einer reichen Lebensphase, von einem Selbstverständnis. Aber es ist auch ein Abschied von dem Gefühl, als Mutter ständig hohe Erwartungen erfüllen, Normen entsprechen zu müssen, und damit auch ein Zugewinn an Freiheit, an Zeit. Das sogenannte Empty-Nest-Syndrom, benannt nach der Einsamkeit der Mütter, nachdem ihre Kinder von zu Hause ausgezogen sind, gibt es seltener als gedacht, und es trifft eher Frauen, die sich vor allem über die Mutterrolle definiert haben. Pasqualina Perrig-Chiello von der Universität Basel stellt fest, dass die meisten Mütter den Auszug ihrer Kinder eher als positiv erleben. Da ist auch Stolz dabei, die Kinder gut auf ihren Weg gebracht zu haben.

Bei vielen Frauen geschieht der Auszug der Kinder um die Lebensmitte herum, sodass sich auch für die Mütter eine neue Lebensphase ankündigt. Eva Menasses Sohn wird noch einige Jahre zu Hause wohnen bleiben; aber da das Drama ums Kinderkriegen nun zurückliegt, weil sie ihre eigenen Grenzen erkennen und den Wunsch nach einem bestimmten Lebensmodell loslassen konnte, hat auch sie an Freiheit gewonnen. Sie kann sich konzentrieren, auf ihren Sohn, ihre Arbeit, das Schöne in ihrem Leben.

Sie hat sich die entscheidenden Fragen gestellt: Was tut mir wirklich gut? Was brauche ich? Was kann ich mir zumuten? Und sie hat gelernt, andere Fragen abzuwehren: Wie muss ich sein? Was muss ich machen? Welche Erwartungen muss ich erfüllen? Sie spricht von einer Klarheit, die ihr die neue Lebensphase, aber auch die Erfahrung als Mutter eingebracht habe: »Ich kann viel, viel besser unterscheiden, was ich machen sollte und was nicht.« Der Perspektivwechsel, von dem Eva Menasse erzählt hat, ist ja nicht nur von Person zu Person möglich. Sie hat gelernt abzuwägen – und empfiehlt es als Gedankenspiel –, was sie selbst will und was die Gesellschaft aufgrund von Tradition und Rollenbildern von einer Frau erwartet, was davon sich mit den eigenen Wünschen deckt und was davon abweicht.

Leistung

Die Ärztin und Schauspielerin Christiane Paul und die Erlösung durch Anerkennung

Ein Leben lang begleiten uns Ansprüche. Sie kommen von außen, aber wir stellen sie auch an uns selbst. Und welche Ansprüche das sind, die wir an uns selbst haben, hängt von vielen Faktoren ab: von der Herkunft, dem Elternhaus, um nur ein Beispiel zu nennen.

Welche Ansprüche wir in der Lebensmitte wiederum aufrechterhalten oder aufgegeben haben, hängt ebenfalls von vielen Faktoren ab: ob wir einen Rahmen gefunden haben, in dem wir unseren eigenen Ansprüchen gerecht werden konnten, ob wir das Glück hatten, in dem, was wir zu leisten imstande sind, bestätigt zu werden, ob wir unsere selbst gesetzten Ziele irgendwann als zu hoch oder sogar als schädlich empfunden haben. Wer bald fünfzig wird oder bereits geworden ist, weiß jedenfalls, welche Ansprüche sich erfüllen oder nicht erfüllen ließen, und kann versuchen, dazu eine Haltung zu finden.

Christiane Paul hat in der Lebensmitte eine Haltung zu ihren eigenen Ansprüchen gefunden, sie weiß jetzt, was sie leisten will und was nicht. Viele Jahre lang hatte sie zwei Berufe: »Es hat lange gedauert, bis ich mich entscheiden konnte zwischen dem Arztberuf und dem der Schauspielerin«, sagt sie. Wenn man wie sie alles, was man tut, ernsthaft und leidenschaftlich tut, lernt man die Welt besser kennen und macht sie für sich selbst groß. Doch irgendwann sind auch die Grenzen der eigenen Leistungsfähigkeit erreicht. Christiane Paul musste eine Entscheidung fällen.

Leistung ist zu einem ambivalenten Begriff geworden. Wir leben in einer Leistungsgesellschaft, Leistung ist beinahe der Maßstab für alles, selbst in der Liebe, so beschreibt es die israelische Soziologin Eva Illouz in mehreren ihrer Bücher, zum Beispiel in *Gefühle in Zeiten des Kapitalismus*. Eine Strömung des Feminismus war in den vergangenen Jahren stark vom Leistungsdenken beeinflusst, die Facebook-Chefin Sheryl Sandberg schrieb ein dafür typisches und sehr einflussreiches Buch: *Lean in. Frauen und der Wille zum Erfolg*. Allerdings kann der Anspruch, in allen Lebensbereichen *bella figura* machen zu müssen, wie Jackie Thomae es im Kapitel über »Männer« formuliert, auch zu einem unverantwortbaren Stress führen. Die hohen Burn-out-Raten gerade bei Frauen in der Lebensmitte sprechen für sich. Da Frauen und Männer eben doch meist noch in traditionellen Rollen verhaftet sind, trifft es Frauen oft härter: Statistiken belegen, dass sie sich mehr um die Kinder kümmern, mehr um die älter werdenden Eltern.

Dazu kommt, dass Frauen unter einem höheren Druck stehen, wenn sie Kinder haben wollen: »Für Frauen tickt immer die Uhr. Während Männer offenbar in einem Reich der Zeitlosigkeit leben«, schreibt Sheila Heti in *Mutterschaft*. »Die Zeitspanne umfasst etwa dreißig Jahre. Anscheinend muss in diesen dreißig Jahren – von vierzehn bis vierundvierzig – alles erledigt werden im Leben einer Frau. Sie muss einen Mann finden, Babys zeugen, sich einen Beruf suchen und darin vorankommen, Krankheiten meiden und auf einem privaten Konto genug Geld ansammeln, dass ihr Mann nicht ihre Lebensersparnisse verspielen kann.«

Inzwischen wird betont, wie wichtig es sei, sich auch zu entspannen, immer häufiger fallen Begriffe wie »Achtsamkeit« oder »Selbstsorge«. Allerdings kann es auch glücklich machen, zu erkennen, was wir zu leisten imstande sind. Wir sehen, dass wir die Gesellschaft und auch unser eigenes Leben gestalten können, wir entdecken neue Seiten an uns.

Christiane Paul kommt mit dem Fahrrad. Sie ist am Brandenburger Tor vorbeigefahren und an der Luisenstraße abgebogen. So ist sie auch an der Charité entlanggeradelt. Es ist das älteste Krankenhaus Berlins und mit über 3000 Betten eine der größten Universitätskliniken Europas. Über die Hälfte der deutschen Nobelpreisträger in der Medizin und der Physiologie kommt aus der Charité.

Christiane Paul arbeitete in der Charité als Chirurgin und bekam hier auch ihre beiden Kinder, das erste davon zwei Wochen nachdem sie hier wiederum promoviert worden war. Ohne den Mauerfall 1989 wäre sie, die 1974 als Tochter eines Ärzteehepaars in Ost-Berlin geboren wurde, nicht Schauspielerin geworden: »Ich hätte Medizin studiert und hätte niemals so nebenbei drehen können, wie ich es nach der Wende getan habe. Und die Auffassung, dass man nur den Beruf ausüben sollte, den man auch gelernt hat, habe ich noch lange geteilt. Auch nachdem ich viele Filme gedreht hatte, habe ich mich lange nicht als Schauspielerin gefühlt.«

Im geteilten Deutschland hatten sich gleich mehrere Paradoxe ergeben: Während Leistungs- und Elitedenken in der alten Bundesrepublik in den einflussreichen Kreisen, die von der antiautoritären 68er-Bewegung geprägt waren, eher als anrüchig galt, hatte die sozialistische DDR, auch um das System zu rechtfertigen, ein Leistungsdenken etabliert: Begabte wurden ausgesucht und gefördert, jedenfalls dann, wenn sie aus Familien kamen, die zur politischen Grundidee passten. In der Bundesrepublik wiederum trauten sich noch lange Zeit vor allem die Akademikerkinder ein Abitur und ein Studium zu. In der DDR konnte es andersherum sein: Akademikerkinder durften oft kein Abitur machen. Die Arzttochter Christiane Paul musste Bestleistungen erzielen, um es doch ablegen zu dürfen.

Im Sport der DDR und auch in den Künsten galten hohe Ansprüche. Hier konnte der Staat sich über Höchstleistungen repräsentieren – und versuchte, darüber auch seine dunklen Seiten zu rechtfertigen. Zum Gesamtbild gehört aber, dass die neue Bundesrepublik vom hohen Niveau gerade der Künste in Ostdeutschland profitiert hat. Wer nach 1989 Schauspielerin oder Schauspieler werden wollte und es ernst meinte, hatte sich mit Corinna Harfouch, mit Katharina Thalbach, mit Ulrich Mühe, Henry Hübchen oder Dagmar Manzel zu messen, ostdeutsche Schauspielerinnen und Schauspieler gehörten zu den besten des ganzen Landes.

Es ist nicht ausgeschlossen, dass der hohe Anspruch auch Halt gab und viele ostdeutsche Künstlerinnen und Künstler ihn auch deswegen in der neuen Bundesrepublik aufrechterhielten. Denn innerhalb kürzester Zeit war ein ganzes Land verschwunden, und so vieles war entwertet worden, was das bisherige Leben ausgemacht hatte. Plötzlich galt die Marktwirtschaft als das bessere System, der Sozialismus als gescheitert; der Westen als fortschrittlich, der Osten als rückständig – das beeinflusste das Selbstbild vieler Menschen, die in der DDR aufgewachsen waren. Die einen wurden durch diese Gegensätze so verunsichert, dass ihnen jede Orientierung verloren ging, die anderen versuchten, Höchstleistungen zu erbringen.

So können herausragende Leistungen auch einer Unsicherheit entspringen, können genährt sein von der ewigen Frage, ob auch wirklich ausreicht, was man tut. Christiane Paul ist ehrlich genug mit sich selbst, um einzugestehen, dass es auch eine

Unsicherheit war, die sie zu den Leistungen ihres Lebens angespornt hat. Und es war nicht nur der Zusammenbruch der DDR, der bei ihr dazu geführt haben mag. Sie fühlte sich schon als Jugendliche unsicher, als es die DDR noch gab: »Ich hatte andere Interessen. Ich habe keine Popmusik gehört, das habe ich mir später schwer antrainieren müssen. Ich habe viel lieber gelesen und bin mit klassischer Musik groß geworden. Und dann bist du eben draußen, du kannst nicht mithalten mit den Gleichaltrigen. Ich dachte immer, ich bin verkehrt.«

Besser wurde es für Christiane Paul auf der Oberschule, da fand sie eine enge Freundin, mit der sie ihre Interessen teilen konnte. Die Freundin war politisch interessiert wie Christiane Paul selbst, die in der sich bereits auflösenden DDR »Agitator« gewesen war, ein politischer Posten an der Schule: Es ging darum, die Mitschülerinnen und Mitschüler an den Sozialismus heranzuführen.

Wenn man heute versucht, Christiane Paul dazu zu bringen, von sich als »Agitatorin« zu sprechen, tut man das vergeblich. »Agitatorinnen« habe es in der DDR nicht gegeben, erwidert sie dann: Eine Frau war Arzt oder Ingenieur und eine Schülerin eben Agitator – sie hätten sich deswegen nicht weniger weiblich und nicht weniger wertgeschätzt gefühlt. Diese eine Form des Leistungsdrucks, den viele westdeutsche Frauen spüren, nämlich beweisen zu müssen, etwas genauso gut zu können wie Männer, kennt sie nicht: »Ich habe mich nie durch meine Geschlechtszugehörigkeit begrenzt gefühlt.«

Christiane Pauls Vater, so erzählt sie, habe schon früh gemerkt, dass sie sich auch für die Schauspielerei interessiere, und habe sie, da war sie elf Jahre alt, auf einen Castingtermin aufmerksam gemacht. Es klappte nicht mit der Rolle, doch später bekam sie einen Job als »Unterbildsprecherin«, so nannte man die Schauspielerinnen und Schauspieler, die als Stimmen aus dem Off Texte zu Fernsehbildern sprachen. Mit siebzehn hatte sie dann ihre erste Filmrolle, das war noch vor dem Abitur.

Etwa zur selben Zeit begann sie zusammen mit ihrer Freundin die westdeutschen Frauenzeitschriften zu entdecken. »Und da ging es los, dass ich überlegte, Model zu werden. Ich wollte mir selbst zeigen, dass ich etwas wert bin.«

Sie bewarb sich bei einer Misswahl als eines von mehreren Tausend Mädchen, zwanzig davon wurden eingeladen. Drei Tage vor dem Wettbewerb bekam sie einen Anruf, ein Mädchen war ausgefallen. »Dem verdanke ich meine ganze Karriere.«

Sie machte ihre ersten Auslandsreisen für die Fotoaufnahmen, empfand die Modewelt aber bald als »kalt und stumpf«: »Viele Models waren sehr dünn, manche hatten die Brüste gemacht und schon Silikon im Gesicht. Ich hatte nicht den Eindruck, dass es dort möglich war, sicherer mit sich selbst zu werden.«

Im Medizinstudium hingegen fühlte sie sich sicher, nicht nur, weil sich mit dem Arztberuf eine klare Perspektive eröffnete, sondern weil dies eine Welt war, die sie aus ihrem Elternhaus kannte. Die Schauspielerei, die weniger vertraute Welt, war die größere Herausforderung für sie.

Sie ist leistungsbereit und anspruchsvoll mit sich, weil sie in ihrem Interesse absolut ist. Im Gespräch übergeht sie kein Thema, sie denkt sich in alles ein, aber sie argumentiert nie als eine Besserwissende. Sie ist neugierig, durchlässig für Reize und Gedanken und setzt sich sofort mit dem auseinander, was ihr begegnet. Es ist, als gäbe es keine Oberfläche für sie, nicht einmal für Momente. Somit ist sie leistungsbereit aus einem Interesse heraus, das Pädagogen und Psychologen »intrinsisch« nennen – ein Wort, das nur schwierig zu übersetzen ist: »von innen her« trifft es womöglich am besten.

Je weiter sie in der Medizin und in der Schauspielerei kam, desto deutlicher merkte sie, dass jeder Bereich für sich genommen absolut ist. Das Problem war nur: Sie machte beides gern. Als Ärztin in der Chirurgie hätte sie erst morgens um sieben Uhr anfangen müssen, doch sie kam schon um kurz nach sechs in die Klinik, um noch mit den Schwestern zu frühstücken und schon bei der ersten Tasse Kaffee zu hören, wie es den Patientinnen und Patienten ging. Das Miteinander im OP empfand sie als ähnlich intensiv wie die Arbeit mit einer Filmcrew oder einem Theaterensemble: »Man steht viele Stunden gemeinsam an einem Tisch und erlebt mit den anderen alle Höhen und Tiefen einer OP. Man ist sich körperlich nah, und man ist auch total abhängig voneinander. Das ist eine reine Teamarbeit, alles greift ineinander. Aber du musst nervlich stark sein, du brauchst ein großes Maß an Sicherheit, du fällst ja mit jedem Schnitt eine Entscheidung.«

Es fiel ihr immer schwerer, sich aus der einen Welt zu verabschieden, um in die andere zu wechseln. »Du stehst vor einem Patienten oder deinen Kollegen und musst erklären, dass du jetzt mal drei Monate weg bist wegen eines Theaterstücks. Das geht nicht.«

Wenn Christiane Paul mit bestimmten Regisseuren arbeitete, merkte sie, dass deren Ansprüche ähnlich hoch waren wie die eines Chefchirurgen. Als sie schließlich mit dem ostdeutschen Schauspieler Ulrich Mühe Theater spielte, konnte sie sich auf einmal entscheiden. »Da war mir klar, dass ich diesen anderen Weg gehen muss.« Auch Mühe war in seinen Ansprüchen absolut, aber es war seine Wärme, so beschreibt sie es, die ihr das Gefühl gab, am richtigen Ort zu sein.

Dennoch vermisste sie es, als Ärztin zu arbeiten: »Das ging eine lange, lange Zeit so, erst heute ist es besser geworden.« Der Arztberuf fehlte ihr auch, weil es in der Schauspielerei um mehr gehen kann als um die reine Leistung: »Du musst dich bei Castings, bei Events, eigentlich immer verkaufen. Du musst den

Leuten ja in irgendeiner Form gefallen. Das funktioniert auf einer ganz anderen Ebene, als ich das in der Medizin erlebt habe, wo es einfach darum ging, welche Leistung man brachte, die Ausstrahlung war da egal. Das ist im Schauspiel anders.«

Neben der Entscheidung für oder gegen eine Rolle gibt es für eine Schauspielerin viel zu überlegen: Welchen Raum soll, darf die Öffentlichkeit einnehmen? Welche Rolle bringt einen vielleicht nicht aus sich heraus weiter, aber die Besetzung ist interessant, die Regisseurin, der Regisseur. »Man begibt sich in diesen Beruf und ist eine Projektionsfläche. Das muss so sein, ich muss aber auch immer fragen, wo ist meine Grenze?«

Für eine Schauspielerin gibt es nichts, was einem OP-Plan entspräche. Es gibt nur einen Plan, und der muss ganz auf einen selbst zugeschnitten und im besten Fall auch von einem selbst gemacht worden sein. Die Erfahrung aus ihrer Arbeit als Ärztin aber habe ihr dabei geholfen, einen solchen Plan für sich als Schauspielerin zu entwerfen. Denn die Medizin erfordert Stringenz: »Neben all diesem kreativen Wahnsinn, den ich ja auch im Kopf hab, bin ich zielorientiert, lösungsorientiert.«

Jeder Film, jede Rolle brauche etwas anderes, so sagt Christiane Paul. Auch kleine Rollen seien anspruchsvoll. Sie erzählt von einem Film, in dem sie eine alleinerziehende Frau spielte, die ihr Kind schwer misshandelt. Sich in diese Rolle einzufühlen habe sie sehr mitgenommen, sagt sie. »Es geht nicht um mich oder irgendwas, sondern es geht um die Figur in der Situation. Der eine Moment, der trifft dich voll. Um der Figur gerecht zu werden, um sie ehrlich und wahrhaftig zu verkörpern, muss man ganz reingehen.«

Sie führte ein Leben unter Hochspannung: »Ich war lange Zeit sozusagen alleinerziehende Mutter. Ich hatte schon Existenzangst. Es gab Phasen, in denen ich nicht die Rollen spielen konnte, die ich eigentlich spielen wollte.« Sie habe Rollen dann auch angenommen, um Routine zu bekommen und weil sie Geld verdienen musste: »Ich habe mich auch immer völlig unabhängig gemacht vom Verdienst der Männer, selbst wenn ich in einer Beziehung war. Ich war immer autark, immer.«

Diese schwierige Zeit liegt nun hinter ihr. Mittlerweile ist sie seit einigen Jahren glücklich verheiratet mit einem Physiker, von dem sie sich gesehen und verstanden fühlt, und auch im Beruf fühlt sie sich angekommen und anerkannt. 2016, im Alter von zweiundvierzig Jahren, wurde sie für den Film *Unterm Radar* mit dem Emmy ausgezeichnet. Sie gewann den Preis als erste Deutsche und setzte sich gegen die Oscar-Preisträgerin Judy Dench durch, die ebenfalls nominiert gewesen war. »Das war überhaupt nicht vorstellbar für mich, dass ich den Preis bekomme, erst recht nicht gegen Judy Dench. Aber am Abend selbst dachte ich plötzlich, wie halte ich das gleich aus, wenn ich ihn nicht kriege? Alles danach war wunderschön. Die Tage in New York mit meiner Familie und dieses Gefühl: Es gibt mich noch, und es ist nicht so schlecht, was ich tue.«

Forscherinnen und Forscher sind sich uneins, Studien widersprechen sich, aber dass Lebensläufe angeblich »u-förmig« verlaufen, ist in den Texten zur Lebensmitte häufig zu lesen: Junge Menschen fühlten sich stark und zufrieden, ab Mitte dreißig nehme dieses Gefühl ab, bis es etwa mit Mitte vierzig einen Tiefpunkt erreiche. Danach nehme die Zufriedenheit im Durchschnitt wieder zu und könne größer werden als je zuvor. Wendet man dieses Bild auf Christiane Paul an, lässt sich sagen, dass die U-Linie bei ihr nach oben strebt, seit sie über vierzig ist.

Das Wort »Anerkennung« ist sprachlich die Verdeutlichung des Worts »erkennen«. Erkannt beziehungsweise gesehen zu werden ist für viele Menschen das eigentliche Ziel. Und wenn sich das Gefühl einstellt, gesehen worden zu sein, kann sich manches beruhigen, und vieles kann freigesetzt werden.

Christiane Paul muss nicht mehr wissen, ob bald wieder ein Dreh ansteht. Sie kann Sätze sagen wie diesen: »Du brauchst auch Phasen, in denen du nicht arbeitest. Du musst schöpfen. Du musst Pausen machen, du musst leben, als Künstler sowieso.«

Sie ist zuversichtlich, dass weiterhin Rollen kommen werden, die zu ihr passen. Dadurch, dass Frauen jetzt in allen möglichen Positionen zu finden sind – Christiane Paul nennt Christine Lagarde, Angela Merkel, Michelle Obama –, gibt es auch mehr Rollen, die Frauen in der Lebensmitte jenseits der Mutterrolle zeigen. Die Rolle, für die sie den Emmy gewann, war die einer Juristin.

Für Christiane Paul ist es eine innere Notwendigkeit, tätig zu sein, wie auch für viele andere Künstlerinnen und Künstler – sie wollen nicht, sie müssen etwas tun. Tänzerinnen müssen tanzen, Sängerinnen müssen singen. Aber der Drang, etwas zu schaffen, etwas gestalten zu wollen, ist nicht ans Künstlertum gebunden. Es geht um Leidenschaft, wie sie Siri Hustvedt empfindet, wenn sie neben ihrer Arbeit als Romanautorin naturwissenschaftlich forscht, wie sie die Olympiasiegerin Birgit Fischer empfindet, wenn sie jeden Sommermorgen um fünf, ohne für einen Wettbewerb zu trainieren, mit ihrem Paddel in den See vor ihrer Haustür sticht.

Das meiste, was nach Glück aussehen mag, entspringt harter Arbeit, genauem Nachdenken und der Bereitschaft, sich ganz auf eine Aufgabe einzulassen. Aber mit Leistung lässt sich nicht alles erreichen. Die Fähigkeit, dies anzuerkennen, macht die Reife eines Menschen aus. Umso glücklicher fühlt man sich, wenn sich etwas einstellt, das man nicht selbst in der Hand hat: die Liebe zu finden, bei guter Gesundheit zu bleiben, zum Beispiel. Oder auch Anerkennung von außen zu erfahren, wahrgenommen zu werden für das, was man geleistet hat.

Wenn Christiane Paul auf die enormen Anstrengungen der vergangenen Jahrzehnte zurückblickt, hat sie, bescheiden wie sie ist, weniger ihre eigene Leistung im Blick als das, was sie nicht in der Hand hatte: »Was für ein Glück! Ich habe einfach Glück gehabt, dass ich an so vielen Hindernissen vorbeigekommen bin, die mich eigentlich davon hätten abhalten können, Schauspielerin zu werden und die zu sein, die ich bin.«

Haltung

Die frühere Hausfrau Antje Steffen
und der Zusammenhang zwischen dem Privaten
und dem Politischen

Antje Steffens Laden liegt am Rande des Hamburger Schanzenviertels. Es ist ein winziger Raum mit Haushaltswaren: Kochtöpfe aus Emaille in den Pastelltönen der 1950er-Jahre, gusseiserne Pfannen, Kaffeebecher mit handgemalten Hamburger Motiven, bunte Schürzen und Geschirrtücher, Kehrbleche aus Metall mit Holzgriffen.

Besonders Kinder lieben diesen Laden, und Antje Steffen freut sich darüber, dass er eines Tages Teil von deren Erinnerungen sein wird. Sie mag ihre Arbeit und den Kontakt mit Menschen. Und sie mag es, sich mit Haushaltsdingen zu beschäftigen. Aber sie hätte ihren Laden nie eröffnet, wenn ihr Leben anders verlaufen wäre. Sie war einmal Hausfrau und wäre es gern geblieben.

Antje Steffen hat früh Karl Marx gelesen. Sie versteht sich nicht als Marxistin, aber seiner Theorie von der Entfremdung durch Arbeit kann sie etwas abgewinnen. Sie hat ihre Wahrnehmung der Welt beeinflusst und ihre Haltung geformt. Marx entwickelte die Theorie während der Industrialisierung im 19. Jahrhundert, die das Leben und die Gesellschaft für immer veränderte:

Über Generationen hinweg hatten die Menschen als Handwerker und Bauern zu Hause gearbeitet, nun gingen viele in die Fabrik, vollzogen eine Trennung zwischen der Arbeit und dem Zuhause. Ihre Arbeit beschränkte sich nun auf die immer gleichen Handgriffe, sie »entfremdeten« sich, so formulierte es Marx, nicht nur von sich selbst, sondern auch von den Dingen, die sie herstellten.

Für Antje Steffen ist das, was Marx »Entfremdung« nannte, in der heutigen Arbeitswelt sichtbarer denn je: Viele Berufe erfordern, zwischen Arbeit und dem eigentlichen Leben zu trennen. Das sogenannte Homeoffice ändert manches, aber nicht das Prinzip, das vorsieht, dass von außen bestimmt wird, was zu tun ist.

Dort, wo Antje Steffen aufgewachsen ist, gehörten Arbeit und Leben noch zusammen. Es war keine Welt der schriftlichen Verträge, Stundenzahlen, Vollzeit, Teilzeit, der Einstellungsgespräche und Kündigungen, der Blumensträuße und ehrenden Worte zum Ruhestand. Keine Welt der Büros und Betriebe, die verordnen, wo die Angestellten sich tagsüber aufzuhalten haben, bis sie am Ende des Tages wieder nach Hause dürfen, wo das eigentliche Leben stattfindet, das mit dem »Feierabend« beginnt.

Als ihr Vater noch ein Kind war, spielte sogar Geld keine besonders große Rolle: Gekocht wurde, was im Garten wuchs oder in Einmachgläsern aus dem Keller geholt wurde, in den Urlaub fuhr man nicht, das Haus hatten die meisten von den eigenen Eltern geerbt und lebten bis zu deren Tod dort mit ihnen zusammen.

Antje Steffen wurde 1967 in einem Dorf in Dithmarschen geboren. Dithmarschen ist heute ein Kreis, umgeben und durchzogen von Wasser: der Nordsee, der Eider, der Elbe, dem Nord-Ostsee-Kanal. In tiefer Vergangenheit hieß Dithmarschen »freie Bauernrepublik«, denn einige Lehnsherren, wie die Erzbischöfe von Bremen, hatten kaum darauf geachtet, was in ihrem Gebiet so passierte, die Bauern konnten sich hier bis ins 16. Jahrhundert hinein mehr oder weniger selbst verwalten. Nach dem Zweiten Weltkrieg investierte der Staat in Dithmarschen, um die Gegend an die normale Welt anzuschließen. Der Wille, so zu leben, wie sie selbst, und nicht, wie die Welt um sie herum es für richtig hält, der ist bei Antje Steffen auch zu spüren.

Der Großvater väterlicherseits und der Vater hatten ihren Meister als Kfz-Mechaniker gemacht und betrieben eine Werkstatt. Die Großmutter mütterlicherseits eröffnete einen Haushaltswarenladen, in dem sie Porzellan, Besteck, Schmuck und Dinge des Alltags verkaufte und den Antje Steffens Mutter übernahm. Wenn vor Weihnachten die Landwirte in ihren Gummistiefeln in den Laden kamen, um ihren Ehefrauen ein Weihnachtsgeschenk zu kaufen, hatte Antje Steffens Mutter längst mit den Frauen gesprochen und wusste, welchen Schmuck sie empfehlen sollte.

Damals reihten sich um die Dorfmitte, um die Kirche und die Schule herum, ein Schlachter, ein Bäcker, ein Kolonialwarenladen, zwei Tankstellen, zwei Banken, zwei Gasthöfe, eine Schreibwarenhandlung mit Spielzeug, ein Schuhgeschäft, eine Werkstatt für Landmaschinen, eine Post, ein Landhandel, ein Geschäft für Kleidung und Innenausstattung und die Betriebe ihrer Eltern, die Werkstatt für Pkws und der Einzelhandel für Porzellan und Haushaltswaren. Einen Supermarkt betrat Antje Steffen zum ersten Mal, als sie zwölf war: »Herr Aldi kauft nicht bei uns, also kaufen wir auch nicht bei Herrn Aldi«, hatte ihr Vater immer gesagt.

Es war teuer, eine große Familie aus einem kleinen Lebensmittelmarkt zu versorgen, aber dafür verzichteten sie eben auf anderes. Zehn Menschen saßen mittags und abends um den Tisch herum. Ihre drei Schwestern, Mutter, Vater, die Großeltern väterlicherseits, die Großmutter mütterlicherseits und die »dritte

Oma«, wie Antje Steffen sie nennt: eine Kaschubin aus Danzig, die im Krieg hierher geflohen war, nebenan wohnte und tagsüber in die Familie kam, um mitzuhelfen.

Alle verbrachten viel Zeit zu Hause, und sie erledigten die anstehenden Arbeiten gemeinsam: die Männer, die Frauen und auch die Kinder. »Wir haben gesehen, wie die Eltern arbeiten und haben uns als Teil vom Ganzen gefühlt.« Vor Weihnachten stand die Familie zusammen im Laden und verkaufte; in den Sommerferien räumten sie das Lager auf, zu Neujahr machten sie Inventur. Jeden Tag wurde gekocht, vieles wurde selbst gemacht, sogar die »Kultur«, wie sie sagt – bei Festen spielte der Frisör des Dorfes auf der Hammondorgel, die Kostüme ihrer Kindertanzgruppe hatten die Mütter selbst genäht. Diese Art zu leben ist für Antje Steffen das Gegenteil jener Entfremdung, die Marx beschrieben hatte. Die Dorfbewohner, auch die Kinder, waren beteiligt an allem, was ihr Leben ausmachte.

Die 1970er- und 1980er-Jahre, in denen Antje Steffen im Dorf aufwuchs, waren allerdings eine völlig andere Zeit als die heutige. In der alten Bundesrepublik herrschte noch der sogenannte Rheinische Kapitalismus, der auf die Soziale Marktwirtschaft setzte; soziale Einrichtungen des Staates sollten Ungerechtigkeiten zwischen den Milieus ausgleichen. Die Banken waren mächtiger als die Börsen, Gewerkschaften und Arbeitgeber verstanden sich als Sozialgemeinschaft. Die britische Premierministerin Margaret Thatcher und der US-Präsident Ronald Reagan aber setzten nach und nach eine Marktwirtschaft durch, die deutlich kapitalistischer funktionierte, und bereiteten damit die Globalisierung vor, die seit den 1990er-Jahren und bis heute das Leben bestimmt und es so verändert hat, dass die Kindheit und Jugend von Antje Steffen wirken wie aus einer anderen Epoche.

Ende der 1980er-Jahre ging Antje Steffen kurz nach Berlin, dann nach Lüneburg zum Studieren, lebte aber in Hamburg.

Gerade begann die Zeit der sogenannten Hamburger Schule. Bands hießen »Ostzonensuppenwürfelmachenkrebs«, »Blumfeld« oder »Die goldenen Zitronen«. Die Musikerinnen und Musiker schrieben ihre Songs selbst, die Texte waren politisch, intellektuell und deutschsprachig. Antje Steffen verbrachte viel Zeit mit den Leuten von der Hamburger Schule, es kam ihr alles ähnlich vor wie auf ihrem Dorf: Musik machen, Feiern, einfach so, und nicht, um damit etwas zu erreichen. »Für mich war das alles der reine Spaß. Eine Fortsetzung meines absichtslosen, bunten Kinderlebens in einer anderen Sphäre.«

Antje Steffen hatte eine eigene Sendung in einem offenen Kanal, sie machte ihre Kultur selbst, wie sie es aus ihrem Dorf kannte, ohne Chefs und Verträge, ohne Umsatz- und Quotenziele. Sie führte Regie: »Es gab Tänzer, Moderatoren, Assistenten, Musiker, Beleuchter, zwei, drei Kameramänner und zwei Rateteams.«

Die frühen 1990er-Jahre waren eine Zeit des Ausgehens: In Kellern im Osten Berlins wurden illegale Clubs gegründet, auf den Straßen wurde getanzt, bei Raves, der Love-Parade, dem Christopher Street Day. Es war, als sollte das Ende der 1980er-Jahre gefeiert werden, die mit Wettrüsten, Kaltem Krieg und Reaktorkatastrophe bedrohlich gewesen waren. Heute wirkt es so, als hätte ein Teil der jungen Leute von damals beim Tanzen und Feiern übersehen, dass mit dem Ende der 80er zwar Bedrohungen verschwunden waren, aber auch die Geborgenheit einer kleineren Welt, eines sozialeren Wirtschaftssystems. Nun setzte sich die Digitalisierung durch, und das Sozialsystem, die Mieten, die Löhne veränderten sich so, dass der Weg in ein freies, von konventionellen Leistungsgedanken unabhängiges Leben, für den sich damals viele junge Leute aus der Kultur- und Partyszene entschieden, in ein prekäres Dasein führen konnte.

Antje Steffen gehörte zu denjenigen, die sahen oder jedenfalls ahnten, was ihr und ihren Freundinnen und Freunden, die frei leben wollten, passieren konnte. Sie wollte es trotzdem: ein absichtsloses Dasein. Es war für sie nicht nur ein privates, sondern ein politisches Prinzip.

Als ihr Freund zu ihr sagte: »Komm, Haus und Kind«, sagte sie Ja. Sie feierten die Hochzeit in ihrem Dorf. Die Nachbarn halfen bei den Vorbereitungen, ließen die jungen Hamburgerinnen und Hamburger bei sich übernachten. Die Volkstanzgruppe aus dem Ort trat auf, Hamburger Bands spielten, die Musikerin Bernadette La Hengst bekam vom Wirt das Akkordeon, und dann tanzten sie bis in den nächsten Morgen.

Kurz darauf bekam sie einen Sohn. Ihr Mann schlug vor, so sagt sie, den Jungen tagsüber oder unter der Woche zu seiner Mutter zu bringen oder in eine Kita, damit sie beide arbeiten konnten. Sie dachte an ihre Kindheit im Dorf, wie sie dort »Teil von dem ganzen Gewese« sein durfte. Wieder verband sich für sie das Private mit dem Politischen, sie glaubte, Kinder gerieten unter Druck, wenn sie nicht da seien, wo ihre Eltern sind. Sie wollte sich nicht einfügen in eine Art zu leben, die nun immer üblicher wurde – Vater und Mutter arbeiteten, und die Kinder wurden tagsüber woanders betreut –, denn sie befürchtete die Entfremdung, und sie wollte sich auch nicht von anderen abhängig machen, die dann wiederum für sie arbeiten müssten: die Erzieherinnen, die Caterer. »Denn wenn man erst mal Teil dieser Wertschöpfungskette ist, dann gerät man immer tiefer rein«, sagt sie. Sie übernahm also die Hausarbeit und blieb bei ihrem Sohn.

Im Feminismus gibt es eine Strömung, die eine solche Entscheidung verteidigt. Die Journalistin Eva Corino plädiert in ihrem Buch *Das Nacheinanderprinzip* für einen »gelasseneren Umgang mit Familie und Beruf«, es müsse auch »Schonzeiten«

geben, sie warnt vor dem »modernen Gleichzeitigkeitswahn« und den Auswirkungen von Zeitmangel und Überforderung. Viele Feministinnen aber raten heute und rieten schon damals Frauen davon ab, über längere Zeit kein eigenes Geld zu verdienen. Das Scheidungsrecht hat sich verändert, und Alleinerziehende werden fast so besteuert wie Alleinstehende. Christina Bylow und Kristina Vaillant beschreiben in ihrem Buch *Die verratene Generation* die Sorgen von Hausfrauen und Teilzeitkräften, die heute eben meist nicht mehr so gut versorgt sind, wie es noch ihre Mütter gewesen waren, die in der DDR auf die eine Art und in der alten Bundesrepublik auf die andere Art relativ abgesichert leben konnten.

Antje Steffen geriet mitten hinein in die Debatte von Mutterschaft und Erwerbsarbeit, ihre Entscheidung, zuhause zu bleiben, war eine gegen die feministische Mehrheit. Wie alle Denkrichtungen aber braucht auch der Feminismus Widerspruch, um sich zu entwickeln. Und so haben die selbstbewussten Hausfrauen mit ihren Zweifeln daran, ob Vollzeiterwerbsarbeit wirklich der einzig richtige Weg sei, auch ihren Beitrag geleistet.

Fünfzehn Jahre lang blieb Antje Steffen zu Hause. Sie verbrachte viel Zeit mit ihrem Sohn, las ein Buch nach dem anderen und liebte ihren Haushalt: »Bei mir war es immer ordentlich und sauber, mit selbst gepflückten Blumen auf dem Tisch.« Sie stellte Wirtschaftspläne auf, sie organisierte Feste, sie war zufrieden. Aber sie vermisste ihren Mann, der für seine Arbeit aus dem Haus ging und sich abends politisch engagierte.

Viele Freundinnen und Freunde entschieden sich anders: Kinder, zwei Berufe, zwei Arbeitsverträge, manchmal sogar in zwei Städten, Pflichten in alle Richtungen, vermeintliche und echte, kaum Gelegenheit, als Paar etwas gemeinsam zu machen. Beziehungen scheiterten am Stress. Ihre eigene scheiterte aus anderen Gründen. Nach der Trennung funktionierte ihr Lebensmodell nicht mehr. Sie wusste nicht, wovon sie leben sollte.

Also begann sie, im Golden Pudel Club auf St. Pauli zu bedienen, wo sie weiterhin die Leute von der Hamburger Schule traf, und nach und nach bekam sie Jobs als Ausstatterin: Dekorieren hatte sie noch im Laden ihrer Eltern gelernt. Sie konnte bei einer ihrer Schwestern übernachten, und ihr Mann half ihr eine Weile, über die Runden zu kommen. Aber: »Meinen Sohn konnte ich mir nicht mehr leisten«, erzählt sie. Er lebte von nun an bei seinem Vater.

Und doch hat sie es geschafft, sich irgendwie zu retten. In der Lebensmitte erinnerte sie sich daran, was sie einmal glücklich gemacht hatte, sie holte sich ihr Dorf von früher zurück in die Großstadt: Sie pachtete einen Schrebergarten, in dem sie nun große Teile der Sommer verbringt, sie eröffnete den Haushaltswarenladen in einer Straße, in der neben den bereits bestehenden alle möglichen neuen Geschäfte aufmachten, sodass es so wirkte, als würde um sie herum langsam das Dorf ihrer Kindheit wiedererstehen: Schreibwaren, Einrichtung, Babybekleidung, neue und gebrauchte Mode, Bäckereien, eine Optikerin, ein Schneider, ein Schuster und Schlüsselmacher, ein Tischler, eine Poststelle, Kioske, ein Fahrradladen, Restaurants und Cafés, ein Goldschmied, ein Uhrmacher, eine Bierboutique, ein Strickladen, Design aus altem Porzellan und ein Elektriker. Viele der Ladenbesitzerinnen und -besitzer sind in Antje Steffens Alter.

Rücklagen, mit denen sie ihr Alter finanzieren könnte, hat sie sich nicht ansparen können. Wie später alles gehen soll, daran mag sie gar nicht denken. Sie hat einen hohen Preis gezahlt, aber nicht den, ihre Ideale verraten zu haben, ihre Entscheidung, Hausfrau gewesen zu sein, bereut sie nicht. Sie lebte und lebt, wie sie es für richtig hält, nämlich selbstbestimmt. Tatsächlich hat sich auch ihre Skepsis gegenüber manchem, was das heutige Leben politisch und ökonomisch ausmacht, bestätigt: Die Globalisierung hat bei allen Vorteilen ihre Opfer gefordert, Diskussionen über neue Formen des Wirtschaftens und des Lebens laufen an. Auch Antje Steffen denkt darüber nach und sagt: »Bedingungsloses Grundeinkommen, das wär's.« Frauen und Männer, die zu Hause bleiben wollten, könnten das dann tun, ohne um ihre Existenz fürchten zu müssen.

Aber auch eine andere Form des Glücks hat Antje Steffen sich bewahrt oder zurückerobert, wie auch immer: im Augenblick zu leben und ihn genießen zu können, so wie es auch Marie Bäumer im Kapitel »Sinnlichkeit« beschreibt. Vor dem fünfzigsten Geburtstag einer gemeinsamen Freundin saß Antje Steffen in ihrem Laden und freute sich: »Yeah, endlich mal wieder Party.« In der Bar, wo der Geburtstag gefeiert wurde, durften die Gäste rauchen wie in früheren Jahren, als das noch überall erlaubt war. Eine Diskokugel drehte sich und malte glitzernde Kreise an die roten Wände. Eiswürfel klirrten in den Gläsern. Das Bier wurde in Flaschen über die Theke gereicht, in der Ecke kauerte ein Mann und legte auf, er trug einen weißen Bart. Und weil gerade die Mode der 80er und 90er überall und auch hier wieder modern geworden war, sah es hier fast so aus wie früher, wäre da nicht das Grau in den Bärten gewesen. Auch die silbrigen Strähnen in Antje Steffens vollem und akkurat geschnittenem Haar schimmerten jetzt im Widerschein der Spiegelkugel. Bilder schoben sich ineinander, das Gestern wurde zum Heute, das Heute zum Damals.

Auf der Tanzfläche hielt die Gastgeberin ihre erwachsene Nichte im Arm, drehte sich mit ihr, Antje Steffen tanzte mitten in der Menge und doch allein für sich: aufrechter Körper, die Haare im Gesicht, wie versunken, eine erwachsene Frau, der das glückliche Kind, das sie einmal gewesen ist, anzusehen war.

Verantwortung

Die Unternehmerin Antje von Dewitz und der Mut, sich von eigenen Gründen leiten zu lassen

Deutschland ist ein Land der Familienunternehmen, die Namen sind so bekannt wie die aus den Welten des Glamours und der Spitzenpolitik. Die Firma, die Antje von Dewitz leitet, produziert Outdoorkleidung und -ausrüstung, ist ein stabiles mittleres Familienunternehmen und mit rund 500 Angestellten ein wichtiger Arbeitgeber in der Bodenseeregion. Wegen Deutschlands föderaler Struktur, die im Spätmittelalter entstanden ist, sind viele Familienunternehmen noch heute in kleineren Städten oder in ländlichen Gebieten angesiedelt.

Antje von Dewitz trägt ein Hemd und die langen blonden Haare offen. Als Chefin einer Outdoormarke muss sie die klassischen Codes der Geschäftswelt, die das Äußere reglementieren, nicht bedienen. Ihr Vater Albrecht von Dewitz hat das Unternehmen 1974 gegründet – nach einer Lehre als Im- und Exportkaufmann, einem Studium der Betriebswirtschaftslehre und einigen Jahren Berufserfahrung in der Sportartikelbranche.

Antje von Dewitz, die 1972 geboren wurde, nicht geplant, ins Unternehmen einzusteigen, sie sah sich eher in einer Umweltorganisation. Zahlen schreckten sie zwar nicht, schon in der Schule fiel ihr Mathematik leicht, und Verantwortung übernahm sie damals bereits als Klassensprecherin und Jugendgruppenleiterin. Aber ein Betriebswirtschaftsstudium erschien ihr zu trocken, und so entschied sie sich für ein Wirtschafts- und Kulturraumstudium an der Universität Passau, weil hier nicht nur ökonomische und kulturelle Aspekte zusammenkamen, sondern weil ihr dieser Studiengang die Möglichkeit bot, ihr Interesse für globale Zusammenhänge zu vertiefen.

Ihre Mutter liebte die Natur und reiste als junge Frau mit dem Fahrrad durch Deutschland. »Sie war und ist ein Freigeist, von ihr habe ich sicherlich viel über den Respekt vor der Natur und eine Einsicht in die Grenzen ihrer Belastbarkeit gelernt«, sagt Antje von Dewitz. Ihre eigene Liebe zur Natur entdeckte sie jedoch erst, als sie eine Schule in den USA besuchte, als Kind war die Schönheit der Alpen direkt vor der Haustür für sie vielleicht zu selbstverständlich gewesen. Sie verbrachte mit anderen Jugendlichen ein paar Tage in der Wüste von Nevada. Abends machten sie ein Lagerfeuer, der Sternenhimmel über ihnen war »wie ein Feuerwerk«, erzählt Antje von Dewitz: »Und die Gespräche, die wir dort miteinander führten, hatten Tiefe – es war, als würden Körper und Geist ganz in Einklang kommen. Ich bin nicht religiös, aber das war wie ein spirituelles Erlebnis.« Heute macht sie mit einer engen Freundin einmal im Jahr »therapeutische Wanderungen«, so nennen sie das im Scherz, es sind mehrtägige Trekkingtouren. Sie sprechen darüber, was das Jahr gebracht hat, wo die Probleme lagen, wo das Glück, wo neue Ziele zu finden wären.

Nach dem Studium und einigen Praktika in NGOs – bei Frauen- und Umweltorganisationen –, in den Medien und kulturellen Einrichtungen hospitierte sie im Unternehmen ihres Vaters. Es sollte eigentlich nur eine weitere Station sein, um mehr Erfahrungen zu sammeln. Bald wurde ihr jedoch bewusst, dass sie genau hier viel bewirken und verändern konnte, und sie blieb. Einige Jahre später, während ihrer Doktorarbeit an der Universität Hohenheim über die Gestaltung leistungsstarker Arbeitsverhältnisse, befragte sie Mitarbeiterinnen und Mitarbeiter der familieneigenen Firma und veranstaltete Workshops, die ihr noch mehr Einblick ins Unternehmen gaben und sie erkennen ließen, wo Chancen, Herausforderungen und Probleme lagen.

Bevor sie 2009 die Leitung übernahm, hatte sie bereits Unternehmensbereiche geführt. Ihr Vater, der in anderen Aufsichtsräten gesehen hatte, wie schwierig es sein kann, wenn der Firmengründer auch nach der Übergabe weiter mitmischt, beschloss, sich aus dem operativen Geschäft zurückzuziehen, fortan als Beirat tätig zu sein und sich vor allem der Leitung seiner neu gegründeten Produktionsstätte in Vietnam zu widmen. Antje von Dewitz musste also keine Hierarchien durchkämpfen, aber sie musste zeigen, dass sie trotz ihrer eigenen Vorstellungen die kompetente Nachfolgerin ihres Vaters ist, den sie selbst einen »Pionier« nennt. Es war kein leichter Weg.

Wer ein Unternehmen führt, trägt Verantwortung: für die Mitarbeiterinnen und Mitarbeiter, für die Produkte, für den gesamten Markt. Um sich durchzusetzen mit neuen Ideen, von denen im besten Falle sowohl die Belegschaft als auch der Markt und das Wirtschaftssystem profitieren, muss man die anderen überzeugen, besser noch: begeistern. Der belgische Psychoanalytiker und Psychologieprofessor Paul Verhaeghe legt in seinem Buch *Autorität und Verantwortung* dar, wie eng diese beiden Prinzipien miteinander verknüpft sind, ohne dass sie einander jedoch zwangsläufig bedingen. Verantwortung zu tragen, bedeute nicht automatisch, als Autorität anerkannt zu werden, so Verhaeghe, Autorität hänge auch nicht zwangsläufig mit Macht zusammen: Manchmal sei ihm gesagt worden, er genieße gerade deswegen Autorität bei seinen Studentinnen und Studenten, weil er seine Macht eben nicht ausspiele.

Antje von Dewitz war Ende dreißig, als sie die Geschäftsleitung von ihrem Vater übernahm und so in eine Position rückte, die maßgeblich durch Verantwortung und Autorität bestimmt ist. Im Laufe der Jahre haben sich aber ihre Definition dieser Begriffe und die Art, wie sie sie ausfüllt und vorlebt, verändert. Jetzt, in der Lebensmitte, kann sie auf eine Entwicklung zurückblicken, die sowohl ihre Persönlichkeit als auch das Unternehmen beeinflusst hat.

Anfangs machte sie manches ähnlich wie ihr Vater; »es war der erste Reflex«, sagt sie. Sie traf schnell Entscheidungen, sprach Machtworte. Von ihren Mitarbeiterinnen und Mitarbeitern aber bekam sie bald zu hören, dass sie nicht wiederzuerkennen sei. Ähnlich wie Paul Verhaeghe es beschreibt, machte auch Antje von Dewitz die Erfahrung, dass Autorität nicht automatisch mit der Position einhergeht, sondern mit Authentizität und Überzeugungskraft. Frauen werden gerade in Führungspositionen kritischer beurteilt als Männer, da Führung, die ja mit Macht verbunden ist, bisher vor allem männlich geprägt war. Männer waren und sind hier der Maßstab, ähnlich wie es auch Mary Beard in *Frauen und Macht* beschreibt. Im Fall Antje von Dewitz' war es ihr Vater.

Doch sie nahm die Hinweise aus der Belegschaft auf, setzte sich damit auseinander und stellte fest: »Ein Großteil der Energie, der eigenen Originalität, der Lösungskompetenz und dann auch des Fortschritts geht flöten, wenn man andere nachmacht. Das ist extrem schade.«

Von nun an achtete sie stärker darauf, sie selbst zu sein, und lernte, auf ihre eigenen Vorstellungen zu vertrauen. Das bedeutete auch, dass sie einiges im Unternehmen umstellen und verändern müsste. Zudem wurde ihr bewusst, dass sie die Rolle ihres Vaters, der das Unternehmen über viele Jahre aufgebaut und Verantwortung maßgeblich zentral verankert hatte, nicht einfach übernehmen konnte. Gemeinsam mit ihrem Leitungsteam baute sie Strukturen, Prozesse und eine Kultur auf, in der alle im Unternehmen mehr Verantwortung übernehmen konnten, die Kollegen in der Geschäftsleitung, die Führungskräfte, aber auch alle anderen Mitarbeiterinnen und Mitarbeiter. Dabei wandelte sich auch die Rolle der Führungskraft weg von der alleinigen Entscheiderin oder vom alleinigen Entscheider hin zu einer Rolle, die Antje von Dewitz »Rahmengeber und Coach für ihr Team« nennt.

Eine Idee, die bereits ihr Vater gehabt hatte, griff sie wieder auf und gründete ein Kinderhaus auf dem Betriebsgelände, das durchgehend geöffnet ist und Kinder ab einem halben Jahr betreut. So kommt es manchmal vor, dass man im Firmengebäude die Kinder der Mitarbeiterinnen und Mitarbeiter antrifft. Antje von Dewitz hat selbst vier Kinder. Ihr Mann arbeitete zunächst in Teilzeit, blieb schließlich aber ganz zu Hause, um sich voll um die Kinder zu kümmern. »Er ist stolz auf mich und unterstützt und ermutigt mich«, erzählt sie. Dennoch wollte sie »keine Rabenmutter« sein, das hat sie immer beschäftigt: »Ich wollte sicherstellen, dass ich meiner Familie gerecht werden kann.« Sie versuchte, überlange Stundentage, die in solchen Stellungen üblich sind, zu vermeiden, und ging so oft wie möglich um 17 Uhr nach Hause. Sie hoffte darauf, damit auch Vorbild für die anderen im Haus zu sein: »Ich wusste, das tut dem Unternehmen gut, und nur, wenn ich es tue, wagen es die anderen auch.« Um den Mitarbeiterinnen und Mitarbeitern die Möglichkeit zu bieten, Familie und Beruf besser zu vereinen, wurde eine sogenannte Vertrauenskultur mit flexiblen Arbeitszeitmodellen eingeführt und mobiles Arbeiten, beispielsweise im Homeoffice gefördert.

Paul Verhaeghe nennt die Art zu führen, wie Antje von Dewitz sie praktiziert, »horizontale Autorität«. Sie selbst sagt dazu: »Es ist ein Führungsstil auf Augenhöhe. Themen werden kontrovers diskutiert, und es wird um Entscheidungen gerungen – über alle Hierarchien hinweg. Auf diese Weise erzielen wir die besten Lösungen, die uns helfen, immer komplexere und dynamischere Herausforderungen erfolgreich zu meistern und innovativ zu sein.«

Verhaeghe schreibt jedoch auch, dass wir in Zeiten leben, in denen wir uns zwar gerade von autoritären Strukturen losgesagt hätten – von der Macht der Patriarchen, von moralischen Zwängen, von religiösen Dogmen –, zugleich aber so verunsichert seien, dass der Ruf nach Autorität immer lauter werde. Antje von Dewitz sagt dazu: »Manche Mitarbeiterinnen und Mitarbeiter möchten erst mal gar nicht mehr Verantwortung übernehmen oder wünschen sich ein Machtwort. Doch wenn sie erkennen, dass sie selbst gestalten können, setzt dies bei vielen eine große Energie frei, und Menschen blühen auf und entfalten sich – das ist großartig. Es hat uns alle extrem weitergebracht, als Menschen reifer werden lassen.« Unternehmen und Wirtschaft sind nichts anderes, als mit Menschen zu arbeiten und dabei unglaublich viele Gestaltungsmöglichkeiten zu haben.«

Ein wichtiger Aspekt ihrer Art, zu führen und zu wirtschaften, ist Nachhaltigkeit. Hier übernimmt sie, so weit wie es in einem Unternehmen möglich ist, Verantwortung in dem Sinne, wie sie der Philosoph Hans Jonas 1979 in seiner Schrift *Das Prinzip Verantwortung* definiert hat. Hans Jonas denkt Immanuel Kants kategorischen Imperativ als einen ökologischen Imperativ weiter: Der Mensch, so Jonas, trage Verantwortung für die Natur und müsse danach handeln, müsse sie schützen. Seine Forderung lautet: »Handle so, dass die Wirkungen deiner Handlung verträglich sind mit der Permanenz echten menschlichen Lebens auf Erden.«

Antje von Dewitz versucht das. Sie plädiert für einen Wandel des Wirtschaftssystems, weg von dem bestehenden, das diejenigen belohne, die rein profitorientiert handelten: »Es ist doch schizophren, dass wir in einem System leben, das es Unternehmen viel leichter macht, Verantwortung abzugeben, als Verantwortung zu übernehmen.« Unternehmerinnen und Unternehmer könnten immer darauf verweisen, dass sie zum Beispiel nun mal an bestimmte Lieferketten und Lohnstrukturen gebunden seien, oder dass die Beschäftigung unzähliger Subunternehmen, die jeweils nur für einen Teilbereich Verantwortung haben, legitim sei. »Doch so eine Art des Wirtschaftens ist nur scheinbar billiger, es wird tatsächlich jedoch auf Kosten der Umwelt und nachfolgender Generationen gewirtschaftet.«

Der deutsche Philosoph Julian Nida-Rümelin beschreibt Verantwortung in seiner gleichnamigen Schrift als eine besondere Fähigkeit des Menschen, sich von Gründen, also einer bestimmten Motivation, leiten zu lassen. Solche Gründe können sein: Augenhöhe, Miteinander, Nachhaltigkeit. Um Verantwortung für andere übernehmen zu können, müssen wir aber auch in der Lage sein, Verantwortung für uns selbst zu übernehmen. Nur dann können wir gestalten, neue Wege gehen. Autorität wiederum wächst uns mit den Jahren zu. Manches wird in der Lebensmitte fast automatisch leichter.

Engagement

Die Aktivistin Meral Şahin und das Ende der Bevormundung

Ein Bahnsteig in Köln, Stadtteil Mühlheim, rechte Rheinseite. Die Türen der S-Bahn öffnen sich, ich möchte aussteigen. Eine Gruppe Frauen kommt mir entgegen. Sie tragen Abajas, ihre Gesichter sind bis auf die Augen bedeckt. Die Frauen warten nicht, bis ich ausgestiegen bin. Sie drängen sich an mir vorbei, rempeln mich an und scheinen mich gar nicht wahrzunehmen. Es ist schwierig zu sagen, wie alt die Frauen sind. Ich kann sie unter ihren Schleiern ja kaum erkennen. Aber so, wie sie lachen, herumalbern und sprechen und so wie die Rückseiten ihrer Smartphones beklebt sind, wirken sie jung, unter zwanzig. Ihre Augen sind stark geschminkt.

Ich ärgere mich über die Frauen. Und im nächsten Moment über mich selbst. Denn da ist sofort dieser Gedanke: Tragen sie die Schleier, um sich abzuschotten, sodass sie nichts mehr wahrnehmen um sich herum?

Ich weiß, dass es falsch ist, von einer kleinen Gruppe auf eine große zu schließen: Fünf Menschen sind verschleiert, und sofort entsteht ein Urteil über den Schleier an sich, ein abwertendes Urteil. Wie oft bin ich schon von jungen Leuten angerempelt worden, weil sie in ihrer eigenen Welt unterwegs waren.

Ich habe mich auch über sie geärgert, aber ohne zu denken, ihr Verhalten hätte etwas mit ihrer Kultur zu tun.

Ich gehe die Treppen aus der Unterführung hoch und komme zu einem Platz, hier ist Markt: »Billig, billig, billig«, ruft ein Mann hinter einem Stand hervor, »gleich ist Schluss«, ein anderer: »Fünf Paprika – nur ein Euro, letzte Chance.« Die Händler sehen aus, als seien sie türkischer oder arabischer Herkunft. Ich freue mich. »Wie im Orient«, denke ich. Ich setze mich auf einen Pfosten. Was ist los mit mir? Hatte ich gerade schon wieder einen rassistischen Gedanken?

Der amerikanische Kulturwissenschaftler Edward Said hat den Begriff des »Orientalismus« geprägt. In seinem gleichnamigen Werk weist er nach, dass sich Angehörige der politischen und intellektuellen Kultur des Westens gegenüber Angehörigen der arabischen Welt überlegen fühlen, ohne es unbedingt zu merken. Das Buch erschien 1978 und schulte den Blick seiner Leserinnen und Leser für den eigenen Rassismus. Der Rassismusforscher Karim Fereidooni von der Ruhr-Universität Bochum allerdings sagt in einem Interview mit dem Redaktionsnetzwerk Deutschland, kein Mensch sei frei von Rassismus, bestimmte Bilder und Urteile, die oft zu hören seien, in Büchern, Filmen, Gesprächen, würden unmerklich übernommen. Es sei jedoch möglich, rassistisches Denken und Handeln abzumildern oder ganz zu verlernen, indem man sich selbst genau beobachte.

Ich stehe wieder auf und gehe weiter Richtung Keupstraße. Die Straße ist weit über Köln hinaus bekannt, sie hat einen eigenen Eintrag bei Wikipedia. Dort lässt sich nachlesen, dass es zwei Arten gibt, diese Straße zu definieren: Mal werde sie als ein »typisches Beispiel einer Geschäftsstraße eines Einwandererviertels« angesehen, mal als »ein Sinnbild innerstädtischer sozialer Segregation«.

An die Keupstraße grenzt das Schanzenviertel an, ein Industrieviertel des 19. Jahrhunderts. Heute ist das Kölner Schauspiel dort. Schon während der Industrialisierung lebten viele Arbeitskräfte aus dem Ausland in der Keupstraße, in den 1950er- und 1960er-Jahren zogen dann vor allem Menschen hierher, die aus der Türkei nach Deutschland gekommen waren. Die Mieten in der Keupstraße waren niedrig. Nach und nach mieteten türkische und kurdische Migranten, Männer meist, die Ladenlokale an, eröffneten Imbisse, Änderungsschneidereien, Restaurants, Teestuben, Boutiquen für Mode aus der Türkei und Goldschmuck, Friseur- und Kosmetiksalons, Läden für Elektronik, für Obst und Gemüse, für Fleisch, für Gebäck und Süßigkeiten. Die Gründerzeitbauten wurden renoviert, manche mit orientalischen Ornamenten verziert.

Am 9. Juni 2004 detonierte eine Nagelbombe in der Keupstraße. Sie verletzte zweiundzwanzig Menschen, vier von ihnen schwer, sie verwüstete Läden und beschädigte Autos. Die Ermittler schlossen einen terroristischen Anschlag aus. Sofort lastete ein Verdacht auf den Menschen, die hier lebten: Man vermutete einen Streit zwischen den Geschäftsleuten. Erst sieben Jahre später stellte sich heraus, dass es eben doch ein rassistischer Terrorakt gewesen war, verübt von der rechtsterroristischen Gruppe Nationalsozialistischer Untergrund (NSU).

Am zehnten Jahrestag des Anschlags, im Juni 2014, fand in der Keupstraße unter dem Motto »Birlikte – Zusammenstehen« ein Fest statt. Die Musiker Udo Lindenberg, Wolfgang Niedecken und Peter Maffay spielten, und das Schauspiel Köln führte das Theaterstück *Die Lücke* auf, das den Anschlag aus Sicht der Anwohner schildert. Auf der Abschlusskundgebung sprach der Bundespräsident. Organisiert hatte das Fest die »Interessengemeinschaft Keupstraße«, eine Initiative gegen Rassismus. Ihre Vorsitzende ist Meral Şahin. Auf dem Foto von der Pressekonferenz ist sie die einzige Frau zwischen elf Männern. Sie sitzt zwischen den Sängern Peter Maffay und Wolfgang Niedecken und lacht. Sie trägt hohe rote Schuhe und ein rotes Kopftuch.

Der Weg in die Politik geht für viele Frauen über den Aktivismus, früher gab es kaum offizielle Ämter für sie. Die ersten Frauen in einem deutschen Parlament waren Frauenrechtlerinnen. Noch immer diskutieren Parteien über Parität und Quoten, aber schon die Friedens-, die Umwelt-, die Anti-AKW- und die Bürgerrechtsbewegungen waren von Frauen mitbefördert worden. Bei den viel Jüngeren heute, wie der Fridays-for-Future-Bewegung, dominieren die jungen Frauen. Auch die Oppositionsbewegung in Belarus, deren Angehörige im Herbst 2020 auf die Straße gingen, wurde von Frauen angeführt.

Aktivismus geht oft von etwas aus, das die Menschen mitten in ihrem Leben trifft. Die frühen Feministinnen haben sich engagiert, weil sie es leid waren, nicht die gleichen Rechte zu haben wie Männer. Die Klimaschützerin Greta Thunberg begann ihren Schulstreik, der eine neue Klimabewegung in Gang setzte, während der Hitzewelle des Jahres 2018.

Meral Şahins Engagement gegen Rassismus hängt mit ihrem Leben in der Keupstraße zusammen. Sie war von den Geschäftsleuten gebeten worden, die stellvertretende Vorsitzende der »IG Keupstraße« zu werden, als noch der Verdacht auf ihnen lastete, in den Anschlag verwickelt zu sein. Schon vorher hatte sie bei Festen die Straße dekoriert, alle kannten sie und schätzten ihr Talent zur Kommunikation.

Aber es hat auch mit ihrem Laden hier zu tun, einem Geschäft für Hochzeitsdekoration. Sie richtet türkische, persische, italienische, deutsche, syrische Hochzeiten aus und muss die unterschiedlichen Traditionen verstehen, um ihre Arbeit gut machen zu können. Neulich ließen sich türkische Christen von ihr beraten. Sie beschäftigte sich mit deren Geschichte und lernte dabei, dass sie früher in Istanbul ihren Glauben nicht offen ausleben durften. »Rassismus gibt es überall«, sagte sie am Telefon, als wir uns zu unserem Treffen verabredeten.

Meral Şahins Laden liegt in einem Neubau. Das ganze Haus gehört ihr, sie hat es selbst bauen lassen. Als ich hereinkomme, stehen hinter der Theke zwei Frauen, die Kopftücher tragen. Über ihnen hängen Kronleuchter. Eine der beiden Frauen ist Meral Şahin; sie hat eine Heißklebepistole in der Hand und fügt Plastikblumen zusammen, der Klebstoff zieht dünne Fäden.

An der Wand hängen Fotos: Einige davon zeigen Meral Şahin und den amerikanischen Botschafter. Auf einem Tisch in einer hinteren Ecke des Ladens steht eine rosa Hochzeitskutsche aus Holz, die mit Perlen besetzt ist. Meral Şahin hat sie selbst gemacht, wie so vieles hier: die herzförmigen Glücksbringer, die Blumengestecke, die Tisch- und Einladungskarten.

Meral Şahin bringt mir einen Kaffee und ein Glas Wasser. Sie selbst nimmt nichts, denn es ist Ramadan, Fastenzeit. Gleich zu Beginn unseres Gesprächs erzählt sie, sie habe wirklich dazu überredet werden müssen, den Vorsitz des Interessenvereins zu übernehmen. Sie engagiere sich gern, aber eigentlich hätte es ihr gereicht, einfach mitzuhelfen, sie wollte nicht im Vordergrund stehen.

Meral Şahin wurde 1971 in Deutschland geboren. Ihr Vater war aus einer kleinen Stadt in der Westtürkei gekommen, um in einer Firma in Köln-Mühlheim als Dreher zu arbeiten. Bei einem seiner ersten Urlaube zu Hause hatte er seine Frau kennengelernt, und die beiden waren nach ihrer Heirat in eine Dachgeschosswohnung in der Keupstraße gezogen. Beide Eltern mussten arbeiten. Weil sie keinen Kindergartenplatz fanden, schickten sie ihre anderthalbjährige Tochter zur Großmutter in die Türkei. Die erste Migrantengeneration kam oft allein. Es gab keine Tanten, Onkel, Großeltern, die mithelfen konnten. Als Meral Şahin sieben Jahre alt war, holten die Eltern sie wieder zurück nach Deutschland.

Meral Şahins Eltern arbeiteten viel, um sich in Deutschland etwas aufbauen und gleichzeitig die Familie in der Türkei mitfinanzieren zu können. Das war so üblich. Auch die Autorin Mely Kiyak erzählt in ihrem autobiografischen Roman *Frausein* davon. Kiyaks Eltern sind Kurden, stammen auch aus der Türkei und sind ebenfalls nach Deutschland eingewandert: »Immer arbeiten. Es lässt sich kaum in Worte fassen, welche Bedeutung das Arbeiten hatte. Das Arbeiten war die Daseinsberechtigung für den Deutschlandaufenthalt.«

In der Grundschule kam Meral Şahin in eine türkische Klasse. Es gab auch eine griechische Klasse. »Man dachte, Griechen und Türken vertragen sich nicht«, so Meral Şahin. »Ich finde das schlimm. Man sollte keine Feindbilder schaffen. Man sollte dagegenarbeiten, indem man die Menschen zusammenbringt. Sie kommen dann sehr gut miteinander zurecht.«

Sie hatte in allen Fächern eine Eins, nur in Deutsch hatte sie eine Drei, erzählt sie. Ihre Eltern sprachen mit ihr Türkisch, und im Kindergarten war sie nicht gewesen. Heute sollen Kinder aus anderssprachigen Familien möglichst früh in eine Krippe oder in einen Kindergarten kommen, um mit dem Deutschen als zweiter Sprache vertraut zu werden. Damals aber hieß es, die Kinder kämen durcheinander, wenn sie zwei Sprachen sprächen. Außerdem gab man sich mit den sogenannten Gastarbeiterkindern sowieso nicht viel Mühe, auch weil man glaubte, sie würden nicht in Deutschland bleiben. Mely Kiyak schreibt: »Man soll aufsteigen und es besser haben. Die Gesellschaft aber signalisiert das Gegenteil von dem, was die Gastarbeitereltern sich für ihre Kinder wünschen. Aus Sicht der deutschen Gesellschaft soll man bleiben, wer und vor allem wo man ist.«

Meral Şahin kam auf eine Hauptschule. Als die Klasse einmal gefragt worden sei, was jeder und jede von ihnen später werden wolle, habe sie gesagt: »Ich will Abitur machen.« Zuerst folgte Stille, so erzählt sie, dann hätten alle gelacht. Eine Lehrerin aber sagte zu ihr, sie solle so viel lesen, wie sie könne, und gab ihr Bücher mit. »Diese Lehrerin hat einen ganz großen Beitrag dazu geleistet, dass ich an das Gute im Menschen glaube.« Sie schaffte es zuerst auf eine Realschule und schließlich aufs Gymnasium.

Mit sechzehn fing sie an, ein Kopftuch zu tragen. Ihre Eltern waren dagegen, denn sie wollten nicht als Türken auffallen. Meral Şahins Mutter trug kein Kopftuch. »Am Anfang war das Kopftuch für mich jugendlicher Anarchismus, mit sechzehn sucht man, wer man ist. Jetzt ist es Ausdruck meines Glaubens. Ich bin Muslimin. Es gibt deutsche Muslime, es gibt türkische Muslime. Und erst einmal bin ich Kölnerin. Das ist meine Stadt. Wenn ich gefragt werde, wo ich mich zugehörig fühle, dann sage ich: in Köln. Ich werde von niemandem hier gezwungen, ein Kopftuch zu tragen.«

Die Debatte ums Kopftuch hält in Deutschland seit Jahrzehnten an. Viele Feministinnen sehen darin ein Symbol der Unterdrückung oder sogar des Islamismus. Die Berliner Anwältin, Autorin und Imamin Seyran Ateş sagt: »Es ist leicht, aus der Ferne und ohne eigene Betroffenheit das Kopftuch zu tolerieren. Für mich ist das jedoch keine Toleranz, sondern Ignoranz.« Die Grünen-Politikerin Ekin Deligöz meint, in säkularen europäischen Demokratien sei es im Sinne der Gleichstellung und der Menschenrechte geboten, das Kopftuch abzulehnen. Andere Feministinnen wiederum warnen davor, Frauen die Fähigkeit abzusprechen, sich so darzustellen, wie sie es für sich selbst für richtig halten. Sie unterstützen, dass muslimische Frauen das Kopftuch tragen, solange sie sich selbst dafür entschieden haben. So stehe es auch im Koran, erklärt Meral Şahin: »Der Koran schützt die Frauen. Er lehrt Freiheit, die Freiheit, eigene Entscheidungen zu treffen. Ich möchte vorleben, wie ich den Koran verstehe.«

Für Meral Şahin war das Kopftuch immer schon ein Symbol. Sie drückt damit aus, dass sie selbst bestimmt, was für sie richtig ist. Jetzt, in der Lebensmitte, zeigt sie, dass sie aus einer alten Tradition etwas Neues macht. Sie ist Muslimin, geschieden, Mutter eines erwachsenen Sohnes, Unternehmerin, Vermieterin, Aktivistin. Sie passt in kein Klischee. Und Rassismus funktioniert über Klischees.

Aber sie war nicht immer so selbstbewusst wie heute. Mit Anfang zwanzig begann sie eine Ausbildung in einem Labor. Ihre Kolleginnen tuschelten über sie, es fielen Sätze, die sie zwar nicht hören sollte, aber eben doch hörte. Der Professor, der das Labor leitete, schätzte sie, aber von den 48 Laborantinnen waren fast alle gegen sie, so glaubt sie heute. »Es ging Frau gegen Frau. Abartig.« Monat für Monat hoffte sie, dass es besser würde. Aber es änderte sich nichts. Sie begann, nachts in einer Bar zu arbeiten und in einem kleinen Laden in der Keupstraße Dekorationsartikel zu verkaufen. Eigentlich hatte sie Kunst studieren wollen, doch ihrer Mutter war es wichtiger gewesen, dass sie heiratete. Das hat sie getan. Aber als sie Anfang dreißig war, war auch ihre Ehe am Ende.

Sie ließ sich scheiden, kündigte im Labor und konzentrierte sich auf ihren Laden. Als sie gut davon leben konnte, entschloss sie sich, das Haus in der Keupstraße zu bauen. Es wäre beinahe schiefgegangen, doch sie schaffte auch dies.

»Es gibt viele, viele, viele Ausländer, die sich ausgegrenzt fühlen und Rassismus erfahren, aber nicht daran glauben, dass sie etwas ändern können. Aber man muss etwas dafür tun, um etwas zu bekommen«, sagt Meral Şahin. Sie hat sich nicht mit dem Platz zufriedengegeben, der für sie vorgesehen war, sie hat gekämpft und ist weitergekommen. Dass sie die ganze Zeit eine Last mit sich herumgeschleppt hatte, merkte sie erst, als diese von ihr abfiel. Als sie die Generalprobe zu dem Stück *Die Lücke* besuchte, passierte es: »Ich habe so richtig, richtig, richtig geheult; die ganze Seele, all die kleinen Verletzungen, die Traumata, alles raus, raus, raus. Dass man gesehen wird, mit der eigenen Geschichte, das hat alles geheilt. Zum Schluss saß ich da und hatte so ein großes Herz. Da war so viel Respekt vor uns in diesem Stück.«

Sie war vierundvierzig Jahre alt, in der Lebensmitte angekommen, und fühlte sich zum ersten Mal wahrgenommen in ihrer Geschichte. Am Tag nach dem Fest in der Keupstraße traf sie sich mit dem damaligen Bundespräsidenten Joachim Gauck und seiner Lebensgefährtin Daniela Schadt. Sie sprachen über das Stück, das Attentat und den alltäglichen Rassismus. »Es war eine Zeit des Zuhörens, es tat gut. Und da wusste ich: Ich bin zu Hause hier, ich bin wirklich zu Hause.« Sich eingesetzt zu haben für ihre Straße, für die Menschen hier, für das, woran sie glaubt, und für das, was sie ist, hat sie ankommen lassen, an einem Ort, an den sie schon so lange hingehört.

Meral Şahin lässt sich nichts mehr vorschreiben. Jetzt, kurz vor ihrem fünfzigsten Geburtstag, lebt sie genau so, wie es ihr gefällt. Ihr jetziger Freund ist fünfzehn Jahre jünger als sie. »So lange denkt man, man muss anderen gefallen«, sagt sie. »Irgendwann war ich es einfach leid. Ich wollte mir auch selbst gefallen. Ich habe beschlossen, mir mein Leben zu gestalten.«

Sinnlichkeit

Die Schauspielerin Marie Bäumer und die Gabe intensiver Wahrnehmung

Ein Pferdehof in Frankreich. Am Morgen ist Marie Bäumers Hengst Andeo ausgebrochen. Er wollte zu den Stuten, wo er eigentlich nicht hinsoll. Andeo ist ein kroatischer Name und bedeutet »Engel«. Als sie ihn übernahm, hieß er noch Dorado, und das heißt auf Spanisch »Golden«. Mit seinem neuen Namen sollte Andeo auch ein neues Leben bekommen. Bevor Marie Bäumer ihn kaufte, war er für den Stierkampf ausgebildet worden – eine unbarmherzige Schule. An seinem Kopf haben metallene Halfter Narben hinterlassen, an der Hüfte durchreißt ein Brandzeichen sein goldgelbes Fell wie ein Blitz. Wenn Marie Bäumer es fest und schnell mit beiden Händen massiert, kann sie kleine Erhebungen spüren, es sind seine Wundmale.

Eine junge Auszubildende, die jeden Tag auf den Hof kommt, fängt Andeo ein, zerrt ihn weg von den Stuten und führt ihn in den Stall. Er bäumt sich auf, wiehert, zittert.

Die Schauspielerin Marie Bäumer hat auf dem Reiterhof hier in der Provence eine Wohnung gemietet. Sie hat die Rufe und das Wiehern auf dem Hof gehört, jetzt geht sie mit ruhigen, entschiedenen Schritten auf den Stall zu, bittet die Auszubildende freundlich zu gehen und fängt an, mit Andeo zu sprechen. Sie legt ihre Hand auf seinen Rücken, und als er sich weiter aufbäumt, nimmt sie den Schlauch und fährt mit dem Wasserstrahl langsam über seine Beine – Pferde lassen sich mit Wasser beruhigen. Andeos Atem wird langsamer.

In den meisten Reiterhöfen, so erzählt Marie Bäumer, würden kaum noch Hengste gehalten. Stuten und Wallache seien ausgeglichener, besser zu nehmen, so heißt es. Aber Marie Bäumer liebt die archaische Kraft der Hengste. Sie sieht darin eine hohe Sensibilität und die Bereitschaft, den Wünschen der Menschen zu folgen und sich mit ihnen zu verbinden. Lusitanos, eine iberische Pferderasse, hält sie für besonders sensibel.

Auf dem Übungsplatz übergibt sie mir die Longe, ich soll auf einem Punkt stehen bleiben und Andeo mit einer einladenden Geste meiner linken Hand und einer auffordernden Geste der rechten dazu bringen, im Kreis um mich herumzugehen. Ich versuche es. Andeo rührt sich nicht. Sie korrigiert mich: wie ich stehe, wie ich atme, und bittet mich, mich aufrecht und gleichermaßen gelassen vor Andeo zu stellen. Und dann noch einmal: mit dem linken Arm einladen, mit dem rechten Arm auffordern. Andeo beginnt zu traben, im Kreis um mich herum.

Marie Bäumer ist überzeugt davon, dass Körper einander durch kleine Gesten in Bewegung bringen, dass sich die eigene Gelassenheit oder Anspannung auf das Gegenüber überträgt, dass Menschen und Tiere über ihre Sinne miteinander verbunden sind. In der Hirnforschung heißt es, die menschliche Wahrnehmung funktioniere nur zu 20 Prozent über den Verstand, zu 80 Prozent aber über unsere Sinneseindrücke. Wir hören, sehen und riechen unser Gegenüber und stellen dadurch eine Verbindung her. Marie Bäumer vermutet, dass das Verhältnis sogar bei zehn zu 90 Prozent liege. Anders als der französische Philosoph René Descartes, der annahm, dass der Verstand des Menschen

Sein und Wahrnehmung definiere und den berühmten Satz »Ich denke, also bin ich« prägte, sagt Marie Bäumer: »Ich fühle, also lebe ich.« Wer sich spüre und darüber hinaus eine Verbindung mit anderen Menschen, mit Tieren, mit der Natur eingehe, werde sich seiner selbst bewusst und könne auch andere von sich überzeugen. Sich selbst zu spüren bedeute zugleich, im Moment zu sein. Sinnlichkeit und Präsenz hängen für sie eng zusammen.

Schon als Schauspielschülerin bei Jutta Hoffmann, deren Unterricht vom Brecht-Theater geprägt war, lernte sie, detailliert wahrzunehmen, um so einen präsenten Ausdruck auf der Bühne zu bekommen, sich mit der Figur zu verbinden, die sie darstellen sollte: »Das ist dieser magische Moment im Schauspiel«, sagt Marie Bäumer. »Es ist, als würde einen ein unsichtbarer roter Faden durch die Szene leiten – wie ein Dialog von Gedanke und Gefühl, von Anspannung und Entspannung.« Sie nennt es »präsente Gelassenheit oder gelassene Präsenz«.

Mary Beard schildert in *Frauen und Macht* die anhaltenden Kämpfe von Frauen, in der Öffentlichkeit wahrgenommen zu werden. Für Frauen in allen Berufen sei es eine wichtige und ständig wiederkehrende Frage, wie sie auf sich aufmerksam machen könnten, wie sie andere dazu bringen könnten, ihnen zuzuhören. Die »fehlgeleitete Intervention« – etwas sagen zu wollen, auf sich aufmerksam machen zu wollen, aber daran zu scheitern – sei eine Erfahrung, die auch einige Männer kennen würden, für Frauen gehöre dies aber zu den »klassischen«, sich ewig wiederholenden Erlebnissen.

Die Journalisten Peter Dausend und Horand Knaup bestätigen diese Erfahrung in ihrem Buch *Alleiner kannst du gar nicht sein*, in dem sie Parlamentsangehörige porträtieren. Die Frauen unter ihnen berichten immer wieder, dass Männer einfach aufhörten zuzuhören, wenn eine Frau das Wort ergreife.

Marie Bäumer bringt anderen Menschen bei, wie sie präsenter werden können. Jetzt, in der Lebensmitte, kann sie weitergeben, was sie selbst in jüngeren Jahren gelernt hat. Sie unterrichtet angehende Schauspielerinnen und Schauspieler und alle, die mit ihr und ihren Pferden lernen wollen, ihre Sinne zu schulen. In diese Kurse mit den Pferden kommen vor allem Frauen, die wie Marie Bäumer selbst in der Lebensmitte sind. Und sie alle stellen immer wieder diese Fragen: Wie werde ich gesehen? Wie mache ich auf mich aufmerksam? Die Frauen möchten auch wissen, warum sie tun, was sie tun, sie möchten sich nicht zu sehr von ihrem Unbewussten leiten lassen und dabei häufig dieselben Fehler wiederholen. Doch sich selbst besser kennenzulernen sei eben nicht ausschließlich eine Frage des Verstandes, glaubt Marie Bäumer, sondern wiederum auch eine der Sinne. »Mit den Jahren und mit der Übung können die Sinne immer feiner werden«, sagt sie. Und daraus resultiere dann Stabilität, eine innere Stärke und ebenjene Präsenz, die einem dazu verhelfe, gesehen zu werden: »Der Körper ist ein Schlüssel zu allem.«

Als wir Andeo mittags in seine Box zurückführen, versuche ich zu verstehen, was Marie Bäumer gesagt hat – man solle spüren, was im Moment passiert: Die Sonne brennt auf meiner Haut. Im Schatten der Pinien ist es kühler. Die Pinien duften herb. Wir setzen uns an den Tisch unter die Pinien, der Hofbesitzer bringt uns Honigmelonen. Sie schmecken süß und saftig. Der Schinken, der darauf liegt, ist hart, trocken, salzig. Der Wein, ein Rosé, kühlt.

Marie Bäumer glaubt auch, und die psychoanalytische Theorie bestätigt dies, dass jeder Mensch das ganze Spektrum der Emotionen, die Wut, die Angst, die Freude, die Gelassenheit, in sich trage: »Mit der Kraft unserer Imagination finden wir den Zugang zu dem, was in uns lebendig ist, zu unserem Wesenskern.

Meine Mutter hat immer gesagt: ›Du bist mit einer großen Kiste geboren worden, da ist alles drinnen, was du brauchst, du musst sie nur aufklappen und zugreifen‹.«

Marie Bäumer wurde 1969 in Düsseldorf geboren und wuchs in Hamburg auf. Die Familie lebte in Blankenese, einem Viertel am Rand der Stadt, das sich auf einem Berg über dem Elbstrand erstreckt. Mit ihrer Schwester spielte sie an den Elbhängen, an einigen Stellen fällt das Gelände hier schroff zum Fluss hin ab. Die Mutter wusste das, aber ließ die Kinder machen. »Unsere Eltern gaben uns Freiheiten, aber auch einen Rahmen, sie waren ihrer Generation nach 68er, an der antiautoritären Erziehung sind wir jedoch knapp vorbeigerauscht.« Heute überträgt sie das, was sie zu Hause gelernt hat, auf sich und ihre Pferde: »Eine liebevolle Strenge gibt Halt.«

Ihre Eltern waren beide Waldorfschüler gewesen. Nachdem Marie Bäumer zuerst ein naturwissenschaftliches Gymnasium besucht hatte, wechselte auch sie auf eine Waldorfschule und lernte hier, ihre Sinne zu schulen: Abstraktes wird durch Tanzen erlernt, Gartenbau und Singen sind Unterrichtsfächer. Die kognitiven, die kreativen, die praktischen Fähigkeiten der Schülerinnen und Schüler werden gleichermaßen gefördert.

Auch ihren Sohn, der mittlerweile erwachsen ist, hat Marie Bäumer auf eine Waldorfschule geschickt: »Den Ansatz finde ich immer noch spannend«, sagt sie, »wobei auch die Gefahr des Dogmatismus im Spiel ist, erst recht in Deutschland, wo manchmal die Bereitschaft fehlt, weiterzugehen mit der Zeit.« Es sei doch wirklich viel passiert, seit Rudolf Steiner, der Gründer der Waldorfschulen, 1925 »ins Grab gestiegen ist«.

Nach dem Abitur fuhr Marie Bäumer für einige Wochen mit dem Fahrrad durch die Bretagne. Sie übernachtete irgendwo in einem Stall, in der Natur oder bei fremden Leuten, sie war gezwungen, Französisch zu sprechen. Sie mochte die Melodie dieser Sprache und wie die Menschen hier das Essen gemeinsam zelebrieren. Schon damals wusste sie, dass sie in Frankreich leben wollte.

Auch wenn sie an ihrem zweiten Buch schreibt, zieht sie sich in die Bretagne zurück, nach Quiberon, ans Meer. Hier spielt auch ihr bekanntester Film, *Drei Tage in Quiberon*, der von einem berühmten Interview erzählt, das die Schauspielerin Romy Schneider dem *Stern* gab – ein Jahr vor ihrem Tod im Alter von nur dreiundvierzig Jahren.

Romy Schneider war durchlässig für Gefühle, Atmosphären, sie wirkte wie durchdrungen von Sinnlichkeit, konnte gebrochene und strahlende Charaktere spielen. Sie trank und rauchte gern und viel zu viel, den Sturm ihrer Gefühle versuchte sie mit Medikamenten zu beruhigen. Nach Quiberon war sie zu einer Kur gekommen. Das Interview, das sie hier gab, trug die Überschrift: »Im Moment bin ich ganz kaputt«.

Marie Bäumer wurde lange vor diesem Film, in dem sie Romy Schneider spielt, oft mit ihr verglichen, sie sieht ihr ähnlich: der hohe Schwung der Augenbrauen, die weichen Lippen, die hohen Wangenknochen, dazu die sanfte Stimme. Doch Marie Bäumer hat die Ausstrahlung eines Menschen, der auch seine Grenzen erkennt. Sie führt das auf ihre Eltern zurück, die künstlerisch und lebendig waren, ihr aber ein Verständnis für Struktur mitgaben, und damit den Halt, den Romy Schneider nie hatte. Sinnlichkeit ohne jede Form lässt den Menschen zerfließen, sie kann sich gegen den Menschen richten, ihn sogar zerstören. Romy Schneider starb, als sie die Lebensmitte gerade erst erreicht hatte.

Wenn sie spiele, sagt Marie Bäumer über sich selbst, nähere sie sich ihren Figuren zwar mit allen Sinnen an, aber sie verschmelze nicht mit ihnen. Sich aus einer Rolle wieder zurückziehen zu können sei genauso wichtig, wie sich ihr anzunähern.

Rückzug heiße, mit den Sinnen die eigene Welt wieder einzunehmen und so zu sich selbst zu kommen.

Für ihre Rolle der Romy Schneider hat Marie Bäumer viele Auszeichnungen bekommen, auch den Deutschen Filmpreis als beste Hauptdarstellerin, da war sie fast neunundvierzig Jahre alt. Der Film ist für sie ein Kunstwerk epischen Erzählens, er entspricht dem Kino, in dem sie sich wiederfindet und das es nicht so oft gibt, wie sie es sich wünscht.

Am Abend sehe ich ihr beim Tanzen zu. Die Nachbarn haben sie zum Aperitif eingeladen und lateinamerikanische Musik aufgelegt. Sie dreht sich, ihre Haare fliegen, sie schlägt ihren Fächer mit kurzen Zügen hin und her, sie ist die Mitte der Tanzfläche und zeigt, worüber sie vorher gesprochen hat: Sinnlichkeit und Präsenz. Marie Bäumer hat eine Form dafür gefunden.

Stil

Die Modedesignerinnen Telsche Braren und Susanne Gröhnke und ihre Entwürfe für eine selbstbewusste Weiblichkeit

Die Straße, wo der Laden von Telsche Braren und Susanne Gröhnke liegt, ist besonders hübsch: Es ist eine kleine Straße mit Kopfsteinpflaster und Gründerzeitbauten. In dem Jahr, als sie ihren Laden eröffneten, war ich gerade nach Hamburg gezogen und wohnte zufällig in der Nähe. Ich war siebenundzwanzig Jahre alt, eine junge Redakteurin, es war das Jahr 1996, und ich konnte mir nicht vorstellen, mir jemals so schöne Kleider kaufen zu können, wie ich sie hier im Schaufenster sah. Auf dem Weg zur U-Bahn kam ich jeden Tag an dem Laden vorbei, und wenn die Sommer- oder die Wintersaison vorüber war, hängten die beiden Designerinnen Kleidung für den Schlussverkauf an eine Stange vor den Laden. Nach ein paar Jahren begann ich, mir Saison für Saison ein Stück auszusuchen. Als ich irgendwann genug davon zusammenhatte, konnte ich die Sachen kombinieren. Von keinem der Stücke habe ich mich jemals getrennt, obwohl ich inzwischen schon fast doppelt so alt bin wie damals, als ich das erste Mal vor diesem Schaufenster stand. Ich habe mich verändert in diesen Jahren, mein Stil hat sich verändert, aber diese Kleidungsstücke sind klassisch und funktionieren immer noch gut. Irgendwann wurde mir klar, dass die Stücke, die in Deutschland, im Laden selbst, oder in einem Nachbarland produziert werden, auf lange Sicht gar nicht teurer sind als eine Summe aus anderen Kleidungsstücken, die auf die Schnelle aus minderwertigen Stoffen zusammengenäht werden und nicht lange halten.

Die beiden Designerinnen sind etwa in meinem Alter, die eine jünger, die andere älter, sie sind Frauen in der Mitte des Lebens. Seit mehr als zwei Jahrzehnten arbeiten sie zusammen und wissen, was für eine Freude und was für ein Kampf es ist, eine eigene Modelinie, einen eigenen Laden, ein kleines Team mit drei Festangestellten durchzubringen.

Modedesign war generationenlang vor allem eine Sache der Männer, wie jede Form von Kreativität – mit Coco Chanel als seltener Ausnahme. Karl Lagerfeld, Hubert de Givenchy, John Galliano, Alexander McQueen bestimmten, was Frauen tragen sollten. Das änderte sich erst langsam, als Donatella Versace 1997 nach dem Tod ihres Bruders Gianni die Chefdesignerin seines Hauses wurde und im selben Jahr Stella McCartney den Chefposten von Chloé übernahm. Im darauffolgenden Jahr eröffnete Isabel Marant ihr großes Atelier in Paris für ihre eigenen Kollektionen. Inzwischen hat Virginie Viard den verstorbenen Karl Lagerfeld bei Chanel beerbt. Stella McCartney, Isabel Marant und Virginie Viard wurden zwischen 1962 und 1971 geboren.

Die Frauen mischten sich zu einer Zeit in die Riege der männlichen Modeschöpfer, als bei den Defilees in Paris die Frage aufkam, wie weit die Frauenverachtung denn noch gehen würde in einem Geschäft, das sich doch vor allem um Weiblichkeit dreht. Viele Models sahen blass und dürr aus und waren minderjährig. Claudia Schiffer war eine Ausnahme. Die Welt der Haute Couture ist immer noch kein idealer Ort für Frauen, denen der eigene Selbstwert etwas bedeutet, aber es tut sich etwas: Mode für normalgewichtige Frauen war bereits ein großes Thema, zurzeit geht es um die älteren Frauen, um die Grauhaarigen. Die Französin Fanny Karst führt in London erfolgreich das Label The Old Ladies Rebellion, Modeblogger wie Ari Seth Cohen zeigen auf ihren Fotos Frauen jenseits der sechzig.

Erst in den 1960er-Jahren hatten die Modemacher überhaupt begonnen, sich an der Jugend auszurichten, vorher trugen junge Leute fast das Gleiche wie ihre Eltern. Heute ist das wieder so, aber aus anderen Gründen: Die Kluft zwischen den Generationen ist nicht mehr so tief wie noch in den Jugendjahren derjenigen, die heute um die fünfzig sind. Und anders als in der Generation unserer Mütter, als es noch darum ging, in der Lebensmitte irgendwo »angekommen« zu sein, und sich dieser Anspruch auch im Kleidungsstil ausdrückte, sind die heutigen Fünfzigjährigen weiter in Bewegung und gehen dementsprechend mit der Zeit – und der Mode. Die großen Textilanbieter nehmen wahr, dass die Grenzen zwischen den Altersgruppen verschwinden, sie orientieren sich eher am Lebensstil und der Lebenseinstellung.

Das ist bei kleinen Labels wie dem von Telsche Braren und Susanne Gröhnke nicht anders. Der Stil ihrer Kollektionen ist zeitlos, aber nicht konservativ. Die Kundinnen sind gemeinsam mit den Designerinnen älter geworden, jüngere kamen hinzu. Die beiden sagen, sie hätten Kundinnen von Mitte zwanzig bis Mitte siebzig.

Sie stehen jeden Tag selbst in ihrem Laden, sie können sich ein Bild davon machen, wie ihre Kleidung an den Kundinnen aussieht, sie bekommen Lebensgeschichten erzählt oder hören von den Anlässen, für die die Kleider gedacht sind: für Bewerbungsgespräche, für Fotos, die Verlage von ihren Autorinnen machen lassen, für lange Schreibtischtage in Büros, an denen die Kleidung vor abwertenden Blicken schützen, aber auch bequem sein soll. Die beiden Designerinnen haben im Laufe der Jahre ein gutes Gespür dafür entwickelt, wie selbstbewusste Weiblichkeit sich in der Kleidung wiederfinden kann, und damit ihren eigenen Stil geprägt.

Menschen beziehen ihre Wirkung auf andere mit ein, wenn sie sich Kleidung aussuchen, und Frauen werden viel mehr noch als Männer über ihre Kleidung wahrgenommen. »Wenn ein Mann einen Anzug anhat und der einigermaßen ordentlich ist, sieht niemand mehr genauer hin«, sagt Susanne Gröhnke. »Bei Frauen ist das anders.« Das liegt nicht nur daran, dass Männer bei Frauen genauer hinschauen, sondern auch daran, dass Frauen anderen Frauen gegenüber kritisch sind, weil sie laut einer Studie, die in der Fachzeitschrift *Social Psychological and Personality Science* veröffentlicht wurde, unbewusst miteinander konkurrieren: Frauen, »die von anderen als attraktiv oder sexuell freizügig wahrgenommen werden«, so heißt es darin, bekämen deren »indirekte Aggression« zu spüren und neigten daher, so heißt es weiter, zu einer »Deeskalationsstrategie«: Sie suchten sich eher biedere Sachen aus.

Und so ist das Thema Kleidung eben doch wichtig – Politikerinnen wissen, dass es im Urteil über sie viel eher darum geht, wie sie etwas sagen, als darum, was sie sagen, und viel mehr darum, wie sie auftreten, als wofür sie stehen. Das kann man falsch finden und hätte recht damit, die Reaktionsweisen des Menschen aber lassen sich durch Einsichten und Verstand so leicht nicht ändern.

Kleidung ist Teil eines jeden Lebens, und es bildet sich das Leben selbst darin ab. Wenn Frauen morgens vor dem Kleiderschrank stehen, müssen sie jeden Tag eine Antwort finden auf die Frage: »Was ziehe ich an?« Und diese Frage ist nur eine Variante einer anderen, die lautet: »Wer will ich sein?«

Telsche Braren und Susanne Gröhnke haben sich erst durch den Laden kennengelernt, sie haben sich bei einem »Blind Date«

getroffen, erzählt Susanne Gröhnke lachend. Beide hatten sich selbstständig machen wollen, so erzählt Telsche Braren weiter, aber jede mit ihrer eigenen Linie. Ihnen gefiel der Gedanke, sich einen Raum zu teilen, und so hingen einige Saisons lang zwei unterschiedliche Kollektionen im Laden, an der einen Stange die von Telsche Braren, an der anderen die von Susanne Gröhnke. Von Anfang an mochte die eine die Entwürfe der anderen, irgendwann probierten sie eine gemeinsame Kollektion aus, und das funktionierte so gut, dass sie ihr gemeinsames Label gründeten.

Susanne Gröhnke ist die Ältere, sie hat einen anderen Weg hinter sich als Telsche Braren. Sie besuchte ein politisch links orientiertes Gymnasium in Hannover, an dem sie und andere ihr Abitur mit einer solchen Skepsis gegenüber bürgerlichen und akademischen Lebensläufen ablegten, dass sie sich nicht für ein Studium, sondern für eine Lehre in einem Handwerksberuf entschieden. Susanne Gröhnke machte eine Ausbildung zur Schneiderin. Von ihrer Großmutter hatte sie das Nähen gelernt, diese machte in der Nachkriegszeit für ihre Töchter Kleider aus Gardinenstoffen, und später auch für ihre Enkelin, zu deren Lieblingsstück ein weiß-rosa Pepitakleid mit einer kleinen Krawatte wurde.

In Hannover war einiges los, ihr Ruf, langweilig zu sein, wird der Stadt nicht gerecht, das merkte Susanne Gröhnke während ihrer Lehrzeit. Das Maßatelier, in dem sie arbeitete, fertigte Paillettenkleidung für Boney M, Lederjacken für die Scorpions und Bühnenkostüme für die Kessler-Zwillinge an. Später hospitierte sie in der Kostümabteilung der Wiener Staatsoper und lernte viel über aufwendige Schnitte. Sie entschied sich dann aber doch für ein Modedesignstudium an der Fachhochschule in der Hamburger Armgartstraße, sie wollte sich selbstständig machen.

Telsche Braren gehörte als Jugendliche zu den schnellsten Schwimmerinnen Deutschlands. Schule und Training bestimmten ihren Alltag, sechsmal die Woche ging sie zum Schwimmen, achtzehn Stunden insgesamt. Aber dann bekam sie Heuschnupfen und musste mit dem Sport aufhören. Das war ein Schock, aber sie war bald froh, endlich mehr Zeit zum Malen, Nähen und Ausgehen zu haben. Sie war vierzehn, als sie zu Hause einen ausgemusterten Samtstoff fand, sich mit der Singer-Nähmaschine ihrer Großmutter vertraut machte und ihre erste Hose nähte. Das könnte besser aussehen, dachte sie und machte weiter.

Später besuchte sie eine Modeschule und gewann Preise mit zwei Kollektionen, die sie im Studium entwarf. Auf Flohmärkten kaufte sie gebrauchte Persianer, wusch sie mit Trockenshampoo, schneiderte sie um und belieferte damit teure Läden.

Sie bekam früh Kinder, heute hat sie vier, und war mit Ende vierzig schon Großmutter. Um für ihre Kinder da zu sein, wollte sie selbstbestimmt arbeiten – wie Antje Steffen aus dem Kapitel »Haltung« wollte sie Leben und Arbeiten miteinander verbinden. Eine Karriere bei einer großen Modefirma hätte kaum ein eigenes Leben zugelassen.

Als Telsche Braren und Susanne Gröhnke ihren Laden aufmachten, waren ihre Kinder noch ganz klein, und die beiden konnten sich gegenseitig unterstützen: Sie waren füreinander da, die eine glich aus, was die andere gerade nicht schaffen konnte. Sie sind nicht nur ihren Kundinnen nahe, sie sind auch einander nahe, als Kolleginnen und als Freundinnen. Sie nehmen beide Stimmungen wahr, und so entstehen auch Ideen für neue Kollektionen.

So erzählte Susanne Gröhnke zum Beispiel von ihrem Lieblingsfilm *Die drei Tage des Condor*, einem Klassiker aus den 1970er-Jahren, Telsche Braren ließ sich davon inspirieren und es entstand eine Kollektion, die farblich schließlich an die

Stimmung des Films erinnerte: Pistaziengrün und ein Rot wie von Paprikapulver.

Zweimal im Jahr kommen Vertreterinnen und Vertreter mit den neuen Stoffen vorbei. Die beiden Designerinnen ordern instinktiv, und meist sind sie sich sofort einig. Wenn eine von ihnen nicht überzeugt ist, dann legen sie das Muster weg. Jedes Mal leisten sie sich zwei, drei Stoffe, von denen sie wissen, dass sie damit etwas riskieren. »Wir wollen unseren Kundinnen neue Impulse geben«, sagt Telsche Braren.

»Es muss vor allem cool sein, richtig cool«, ruft Susanne Gröhnke und sucht dann weiter nach Worten, um zu beschreiben, worum es ihnen geht: »Edel, lässig, elegant, selbstverständlich – auf keinen Fall verkleidet.« Sie entwirft gern Hosenanzüge, »die können so cool, so sexy aussehen«. Allerdings interessieren sich ihre Kundinnen zurzeit nicht sehr für Anzüge. »Wir stehen für Kleider, immer schon, und im Moment wollen alle Kleider. Aber die Zeit für Anzüge kommt wieder.«

Die Politikerin Lenelotte von Bothmer war 1970 die erste Frau, die im Bundestag bei einer Rede Hosen trug. Sie löste damit einen Skandal aus, doch es machten ihr immer mehr Frauen nach. Hosen symbolisierten ab den 1970er-Jahren die Gleichstellung von Frauen und Männern. Seit einigen Jahren aber folgt die Debatte einer anderen Logik: Wirken zu müssen wie Männer, so heißt es, um sich gleichwertig zu fühlen, verfestige nur die Vorstellung, dass Männer der Maßstab seien. In diesem Sinne argumentiert auch die Historikerin Mary Beard in ihrem Buch *Frauen und Macht*: »Wir haben kein Modell für das Erscheinungsbild einer mächtigen Frau, außer dass sie ziemlich männlich aussieht. Die standardmäßigen Hosenanzüge oder zumindest Hosen sind jedoch auch – ebenso wie eine tiefere Stimme – eine simple Taktik, um das Weibliche männlicher wirken zu lassen und besser an die Rolle der Macht anzupassen.«

Wie sich Frauen anziehen, drückt aus, wie sie sich selbst sehen oder sehen wollen, wer sie sind, welchen Entwurf von Weiblichkeit sie für sich in Anspruch nehmen. Für Telsche Braren und Susanne Gröhnke ist eine selbstbewusste Weiblichkeit nicht am männlichen Erscheinungsbild orientiert. Sie haben Kleidung entworfen, die sich für berufstätige Frauen eignet, die aber Männermode nicht kopiert. Die Schnitte betonen den weiblichen Körper.

Für die Zielgruppe der sogenannten *Workin Moms,* der arbeitenden Mütter, die vom Büro auf den Spielplatz müssen, wurden in den vergangenen Jahren dehnbarere Stoffe hergestellt. Baumwollstoffen werden inzwischen zwei bis fünf, bei Hemden sogar bis zu acht Prozent Elasthan beigemischt. Das ist das einzige Zugeständnis ans Älterwerden, das die Designerinnen heute machen: anschmiegsamere Stoffe, Schnitte, die zwar die Figur betonen, aber mit Faltenwürfen auch mal eine Wölbung am Bauch kaschieren. Schick mit Bequemlichkeit zu kombinieren, anders als der Jogginghosenstil der Reality-TV-Darstellerin Kim Kardashian, der mit Eleganz nicht viel zu tun hat, ist heute das Ziel vieler Modemacherinnen und Modemacher, die gerade die Frauen in der Lebensmitte im Blick haben.

Telsche Braren und Susanne Gröhnke beobachten, wie die Frauen sich wandeln, wie Weiblichkeitsentwürfe sich verändern und entwickeln. Sie überlegen sich, was Frauen brauchen könnten, was sie selbstbewusst und lässig wirken lässt, egal wie alt sie sind. Die Freude an der Sache war für Telsche Braren und Susanne Gröhnke der Impuls, dem sie vor Jahrzehnten folgten, als sie sich zusammentaten, um einen Laden aufzumachen. Ihre Kreativität, ihre Inspiration und ihre schöpferische Freiheit halten die beiden am Laufen. Ihr Erfolg muss zwar immer wieder neu erkämpft werden und bleibt ungewiss, wie in allen kreativen Berufen. Aber »die Lust, uns selbst zu übertreffen«, sagt

Susanne Gröhnke, treibe sie an und sei der Schlüssel zu ihrem Glück. »Wenn eine Kollektion fertig ist, dann ist meist ein Stück dabei, bei dem wir denken, es sei so perfekt, dass wir eigentlich aufhören könnten. Und dann, nach einem halben Jahr, sagen wir uns, dass es vielleicht noch ein bisschen besser geht.«

Begehren

Die Klimaforscherin Friederike Otto
und das Recht auf Freiheit in der Lust

Sex, Begehren, Lust sind keine Fragen des Alters, jedenfalls nicht unbedingt. Auch wenn der Hormonspiegel irgendwann abfällt, wirkt sich das weit weniger auf den Sex aus als Beziehungsprobleme, das zeigt zum Beispiel die australische Psychiaterin Lorraine Dennerstein in einer Studie.

Sich aus unglücklichen Beziehungen wiederum zu lösen ist heute leichter als früher, die Zahl derjenigen, die sich nach fünfundzwanzig Ehejahren scheiden lassen, nimmt zu. Anfang der 1990er-Jahre waren es neun Prozent, inzwischen sind es doppelt so viele. Es kann aber auch ein Weg ins Glück sein, während einer Beziehung die Liebe immer wieder neu zu suchen. Friederike Otto hat diesen Weg für sich gewählt, weil Freiheit und Unabhängigkeit für sie bedeuten, nicht nur einen Menschen zu lieben und zu begehren.

Schon die sogenannte 68er-Generation experimentierte mit diesem Lebensmodell, Friederike Ottos Eltern sind Teil dieser Generation. Sie lebten in einer konventionellen Ehe, aber Sex war für sie kein Tabu. Sie vermittelten ihrer Tochter, dass Sex etwas Schönes sei, jede Beziehung, die ein Mensch habe, bereichere dessen Leben, und es sei auch normal, wenn es mal kompliziert werde.

Und so probierte sich Friederike Otto zu Schulzeiten aus, sie hatte Lust auf andere Körper und Freude an ihrem eigenen. Von vielen Mitschülerinnen und Mitschülern wurde sie deswegen schikaniert, so erzählt sie, sie hätten »Schlampe« auf ihre Hefte geschrieben und sie auch so genannt, ihre Sachen landeten ständig im Müll. So ging es über Jahre, sodass sie froh war, als sie endlich ihr Abitur hatte, und die Stadt, in der sie aufgewachsen war, verlassen konnte. Sie ging nach Berlin, um Physik zu studieren. Die Ideen und Konzepte von Liebe, Partnerschaft und Sexualität, die ihr hier begegneten, passten besser zu ihr. Parallel mit mehreren Menschen – Frauen und Männern – Sex zu haben war in einer Großstadt, die Anonymität bietet und auch immer ein Ort ist, an dem Neues entsteht, nichts Ungewöhnliches mehr.

Sie lernte einen jungen Mann kennen und führte mit ihm eine längere Beziehung, in der sie glücklich war. »Doch ich merkte, dass ich für Monogamie nicht gemacht bin.« Als sie ihm sagte, dass sie auch Sex mit anderen haben wolle, war er verletzt – und sie konnte das verstehen. Doch ihre eigenen Bedürfnisse aufzugeben hätte bedeutet, einen wichtigen Teil von sich selbst zu verraten.

Friederike Otto hat heute ein Diplom in Physik, einen Doktortitel in Philosophie, sie ist Professorin für Klimaforschung und Direktorin des Environmental Change Institute in Oxford. Sie hat die *Attribution Science* mitentwickelt, eine naturwissenschaftliche Methode, mit der sich berechnen lässt, inwiefern Naturkatastrophen mit dem Klimawandel zusammenhängen. Darum geht es auch in ihrem Buch *Wütendes Wetter.*

Friederike Otto ist eine schmale Frau mit sinnlichen Lippen und ernsten Augen. In einer Augenbraue klemmt ein Piercing, die blonden Haare hat sie streng zurückgebunden. Zusammen mit ihrem Sohn lebt sie in einem Haus mit Garten. Unter dem

Dach wohnt ein Freund. »Er bekommt oft Besuch von seinem *boyfriend*«, erzählt sie. Das Wohnzimmer geht in die Küche über, auf dem Boden liegt ein großer Hund und schläft, und auf dem Kaminsims stehen Fotos von Freunden, von ihrer Familie, und eines, auf dem sie mit ihrem Sohn und dessen Vater zu sehen ist. Die beiden sind seit mehr als anderthalb Jahrzehnten zusammen. Sie verstehen sich gut. Es ist eine offene Beziehung. »Als wir ein Paar wurden, hieß es dauernd, das könne ich ihm doch nicht antun. Das sei doch schrecklich. Und er hat auch ständig zu hören gekriegt, dass es für ihn unmöglich sei, wie ich mich verhielte. Obwohl doch für ihn dieselben Regeln gelten wie für mich.« Inzwischen werde er oft beneidet, sagt sie. Sie hätten keine Geheimnisse voreinander, sie müssten nichts voreinander verstecken, nicht lügen.

Zahlen zum sogenannten Fremdgehen schwanken, aber sicher ist, dass es vielen Menschen schwerfällt, über sehr lange Zeit treu zu bleiben. Die meisten verschweigen es ihrer Partnerin oder ihrem Partner, wenn sie sich in jemand anders verliebt oder außerhalb der Beziehung Sex haben. In seinem Buch *Wie wir lieben* rechnet der Journalist Friedemann Karig mit der Zweisamkeit ab: »Monogamer Alltag: Lügen, betrügen, verletzen, verlassen. Kollateralschäden: Die Belastung der 20 Prozent alleinerziehenden Eltern, die Trauer der 160 000 Scheidungskinder jährlich, die ungezählten Tränen, Diskussionen, Therapien.« Die Paartherapeutin Lisa Fischbach und ihr Kollege Holger Lendt schreiben in ihrem Buch *Treue ist auch keine Lösung*, dass viele Paare sich zwar ein Leben lang treu seien, aber einander nicht liebten. Andere hingegen seien sich nicht treu, liebten einander aber. Laut Fischbach sei Vertrauen wichtiger als »körperliche Exklusivität«, vorausgesetzt, beide Partner hätten ähnliche Vorstellungen von einer Beziehung und bleiben miteinander im Gespräch.

Friederike Otto und ihr Partner gleichen ihre Vorstellungen immer wieder aufs Neue miteinander ab und suchen nach anderen gemeinsamen Regeln, wenn sie nicht mehr übereinstimmen. Die beiden wohnen nicht zusammen. Sie wissen zwar ungefähr Bescheid über das Liebesleben des jeweils anderen, kennen aber die Partnerinnen und Partner nicht. Sie verbringen viel Zeit miteinander, meist das gesamte Wochenende, gemeinsam mit ihrem Sohn. Außerdem ist ihnen wichtig, dass beide ihr eigenes Geld verdienen. »Wenn es irgendwie doch nicht klappt«, erklärt Friederike Otto, »dann bleibt nicht der eine arm zurück.« Sie hätten überhaupt erst lernen müssen, wie das alles gehen kann: »Es gab mal ein paar schlechte Phasen, aber sie haben uns sehr viel stärker gemacht als Paar.«

Für eine solche Lebensform, wie Friederike Otto und ihr Partner sie für sich gefunden haben, gibt es wenige Vorbilder bisher. Unsere Gesellschaft ist noch immer stark geprägt vom Lebensmodell der heterosexuellen Kleinfamilie als allgemeingültiger Norm. Friederike Otto sagt dazu: »Ich wünsche mir einen Abschied vom heteronormativen Denken.«

Geschichte und Traditionen haben einen großen Einfluss auf Denken und Fühlen – sämtliche große Glaubensrichtungen des Christentums lehnen die Polygamie, die Vielehe, ab, weshalb sie in so gut wie allen seit langer Zeit christlich geprägten Ländern verboten ist. In bestimmten islamisch geprägten Ländern, in Teilen Afrikas, aber ist sie erlaubt. Die indigene Bevölkerung Neuguineas pflegt sowohl die Polygynie, die sogenannte Vielweiberei, als auch die Polyandrie, die sogenannte Vielmännerei. Der Begriff der Polyamorie kam 1990 auf und verbreitete sich übers Internet, das überhaupt erst ab diesem Jahrzehnt von einer großen Zahl von Menschen genutzt wurde. Praktiziert wurde Polyamorie jedoch schon früher, in allen Epochen und Kulturen, aber eben sehr oft heimlich.

Polyamorie bezeichnet eine Form des Liebeslebens, bei der eine Person einvernehmlich mehrere Partner liebt und offen damit umgeht. Polyamore Beziehungen definieren sich über die emotionalen, auch die romantischen Seiten der Liebe, insofern unterscheiden sie sich von der sogenannten freien Liebe, die rein körperlich ist.

Friederike Otto ist oft, aber nicht immer in die Menschen verliebt, mit denen sie Sex hat. Sogenannte One-Night-Stands sind selten bei ihr, aber sie hat *friends with benefits* wie sie das nennt, gelegentlichen Sex mit Männern, mit denen sie befreundet ist.

Manchmal dauert es mehrere Jahre, bis sie sich wieder neu verliebt. Sie kennt auch jeden Schmerz, der mit der Liebe einhergeht. Zum Beispiel hatte sie lange eine Affäre mit einem verheirateten Mann, in den sie sehr verliebt war. Doch er musste die Beziehung verheimlichen, weil er seine Frau nicht verletzen und seine Ehe nicht gefährden wollte. Friederike Otto musste sich nach seinem Zeitplan richten, er gab vor, was möglich war. Spontan oder wenn sie das Bedürfnis danach hatte, konnten sie sich nicht sehen. »Ich finde das emotional wahnsinnig anstrengend. Das Machtverhältnis stimmt nicht mehr, das tut einer Beziehung nicht gut«, sagt sie. Und fügt nach einem kurzen Schweigen lachend hinzu: »Ich würde nicht behaupten, dass die Art, wie ich Beziehungen führe, frei ist von Drama.«

Das Internet beeinflusst seit vielen Jahren das Suchen und Finden der Liebe. Menschen, die polyamourös leben, stellen fest, dass es in der Weite des Netzes leichter ist, Gleichgesinnte zu finden, als in der näheren Umgebung. Die israelische Soziologin Eva Illouz schreibt in ihrem Buch *Warum Liebe endet*, Körper seien in unserer »hyperkonnektiven Moderne«, also in Zeiten von Casual Dating und Cybersex, zur Ware geworden, die Liebe zum Konsumgegenstand. Friederike Otto aber lernt die Menschen, mit denen sie Sex hat, nicht über Dating-Apps oder -portale kennen, sie sucht nicht bewusst nach ihnen. Begehren ist für sie keine reine Frage des Aussehens, des Körpers, ihr geht es vor allem darum, mit ihrem Gegenüber reden zu können, für sie gibt es eine Erotik des Geistes.

»Es liegt in unserer Hand, unsere Spielregeln zu schreiben, im Leben und beim Sex«, so Katja Lewina, die in ihrem Buch *Sie hat Bock* entlang ihrer eigenen erotischen Erlebnisse weibliches Begehren erforscht. Die Schriftstellerin und Journalistin Doris Anselm beschreibt in ihrem Roman *Hautfreundin* die »sexuelle Biografie« ihrer Protagonistin, die aktiv auf Männer zugeht und sie zu ihren Liebhabern macht. Die Rapperin und Autorin des Buches *Yalla, Feminismus!,* Reyhan Şahin, spricht sich für »vaginale Selbstbestimmung« aus, ihren Künstlernamen Lady Bitch Ray versteht sie als Fortschritt der Emanzipation. Die Schriftstellerin Mely Kiyak schreibt in ihrem Buch *Frausein*: »Die Gabe, Schönheit zu erkennen, Sexualität zu erleben und Freude zu empfinden, ist nicht die Folge eines gelungenen Lebens, sondern die Voraussetzung. Es ist vollkommen verrückt, über sein Leben zu sinnieren und nicht damit zu beginnen. Was sonst ist das Frausein, wenn nicht das? Denke ich an meinen Körper, denke ich an einen verlangenden, begehrenden, befriedigten und befriedigenden Körper. Aber ich denke beim besten Willen nicht an Zweisamkeit unter einem Dach.«

Sie alle sind etwa im selben Alter wie Friederike Otto, die 1982 geboren wurde und damit die jüngste Protagonistin in diesem Buch ist. Sie gehören einer Generation Frauen an, die die sogenannte vierte Welle des Feminismus mitangestoßen und weibliche Sexualität neu für sich definiert hat, wie es zum Beispiel Erica Jong mit ihrem Roman *Angst vorm Fliegen* für die Generation ihrer Mütter getan hat. Selbstbestimmung und Freiheit in der Lust ist für diese Frauen ein essentieller Aspekt des Feminismus, wie schon für die früheren Generationen von Feministinnen. Auch die älteste Protagonistin dieses Buches, Debbie Harry, Jahrgang 1945, lebte jahrelang mit ihrer großen Liebe in einer offenen Beziehung. Dieser Mann gehört noch heute, lange Zeit nach der Trennung, zu ihren engsten Freunden, und sie hat ebenfalls Sex mit Männern und mit Frauen.

Die Generation von Friederike Otto, die sich jetzt der Lebensmitte nähert, ist sicher schon weniger von heteronormativen Vorstellungen geprägt, als die von Debbie Harry es war. Weiblichkeit, Lust und Begehren sind für etliche dieser Frauen eins, sie leben unabhängig von einer »Norm« – auch wenn das oft noch ein schmerzhafter Weg ist, auf dem ihnen nicht viele Vorbilder begegnen.

Normen manifestieren traditionelle Verhältnisse, die im Fall von Mann und Frau lange Zeit Dominanzverhältnisse waren und häufig immer noch sind. Solche Verhältnisse schränken ein, selbst diejenigen, die vermeintlich davon profitieren. Offenheit für neue Modelle und Erfahrungen, wie in Friederike Ottos Leben, aber gibt Impulse, auch denjenigen, die sich gar nicht vorstellen wollen und können, jemand anders zu lieben und zu begehren als nur den einen Menschen, mit dem sie zusammenleben. Zu sehen, dass auch andere Wege möglich sind, ist immer bereichernd.

Durch offene Formen des Liebens und Begehrens werden auch Freundschaften wichtiger, die Kleinfamilie verliert damit an Bedeutung als allgemeingültiges Glücksversprechen. Der Kulturjournalist Jo Schück schreibt davon in seinem Buch *Nackt im Hotel. Wie Freundschaft der Liebe den Rang abläuft.* Und Friederike Otto erlebt es im eigenen Haus, mit ihrem Mitbewohner und dessen Freund. Am Wochenende, wenn ihr Partner dazukommt, verbringen sie oft Zeit zu fünft. Als Friederike Ottos Sohn im Kindergarten den Stammbaum der Familie zeichnen musste und sie ihm dabei half, Verbindungen und Beziehungen erklärte, hörte er ihr zu, wurde dabei aber immer ratloser. Für ihn stimmte hier etwas nicht. »Das ist doch nicht normal«, sagte er, »da haben sich ja immer nur Männer und Frauen geheiratet, und immer nur einmal.«

Erinnerung

Die Punksängerin Debbie Harry und die Versöhnung mit der eigenen Vergangenheit

Es war der Tag, an dem sie abgegeben wurde. Die Frau, die sie geboren hatte, brachte sie zur Adoptionsagentur. Und das Paar, das sie später ihre Eltern nennen würde, holte sie dort ab. Sie war erst drei Monate alt, und es war sicher viel zu viel für sie, aber die Eltern machten mit ihr einen Ausflug in einen Streichelzoo. »Ich weiß noch, wie ich durch die Gegend getragen wurde und habe eine sehr lebhafte Erinnerung an die gigantischen Kreaturen, die sich über mir auftürmten«, so schildert Debbie Harry es in ihrer Autobiografie *Face it.* »Man sagt immer, es sei nicht normal, Erinnerungen an die allerfrüheste Kindheit zu haben. Ich aber habe Unmengen davon«, schreibt sie und begründet dies mit ihrer hohen Sensibilität.

Von der Forschung ist es nicht gedeckt, dass es möglich sei, sich an so frühe Erlebnisse zu erinnern. Ohne Zweifel aber unterscheidet sich die Wahrnehmungs- und Erinnerungsfähigkeit von Mensch zu Mensch. Hochsensible haben eine gesteigerte Empfänglichkeit für Reize und damit eine höhere Aufnahmefähigkeit. Der Glücksforscher Meik Wiking beschreibt in seinem Buch *Die Kunst der guten Erinnerung und wie sie uns dauerhaft glücklicher macht*, den Zusammenhang zwischen

Aufmerksamkeit und Erinnerungsfähigkeit: »Wer in einer Situation nicht aufmerksam ist, wird sich daran auch nicht erinnern.«

Es ist viel von Angst die Rede in Debbie Harrys Autobiografie – als sie in der Schule zum ersten Mal auf der Bühne stand, als ihre Wohnung in New York abbrannte, als ihr das Geld ausgegangen war, als sie von einem Mann im Auto mitgenommen wurde, von dem sich später herausstellte, dass er ein Serienmörder gewesen sein muss, als einer nach dem anderen, der mit ihr gemeinsam berühmt wurde, vor der Zeit starb: der Pop-Art-Künstler Andy Warhol, der ein Siebdruckporträt von ihr angefertigt hatte, der Maler Jean-Michel Basquiat, viel später dann der Musiker David Bowie.

Neben der Angst ist auch ein stilles Bedauern zu spüren: darüber, dass ihre leiblichen Eltern sie weggeben haben und dass nach vielen gemeinsamen Jahren als Liebespaar eine Trennung von Chris Stein nötig geworden war, mit dem sie die Band Blondie gegründet hatte. Doch das Grundgefühl, das sich in dieser Autobiografie vermittelt, ist Zufriedenheit, Dankbarkeit, Glück: Ihre leibliche Mutter hatte sie zwar nicht behalten können, aber über die Adoptionsagentur fand sie später heraus, dass sie ein Kind der Liebe gewesen war. Und ihre Adoptiveltern ließen sie ihren Weg gehen, raus aus dem New Yorker Vorort und hinein in die Millionenstadt und in eine raue Musikwelt, in der sie zu einer Ikone des Punk und des New Wave wurde.

Auch im Gespräch wirkt Debbie Harry gelassen, ruhig und dankbar. Da ist keine Bitterkeit zu spüren, die Tragödien in ihrem Leben scheint sie als etwas annehmen zu können, was sie genauso geprägt hat wie das Positive, das ihr widerfahren ist. Sie sagt: »Je älter ich werde, desto mehr wird mir bewusst, wie viel Glück ich hatte.«

Fachleute sind der Meinung, Zufriedenheit könne ab der späteren Lebensmitte ausgeprägter sein als je zuvor. Sie gehen davon aus, dass das am Aufbau und an der Funktionsweise des Gehirns liegt. Der Mandelkernkomplex spielt eine große Rolle bei der emotionalen Bewertung einer Situation, und bei jüngeren Leuten reagiert er stärker als bei älteren. Menschen ab dem mittleren Alter nehmen Details, die eine fröhliche Wirkung haben, intensiver wahr, sie erinnern sich auch besser an Ereignisse, die sie positiv gestimmt haben. In der Resilienzforschung ist vom sogenannten Positivitätseffekt die Rede, der dafür sorgt, dass auch negative Erfahrungen gut verarbeitet, Stress ausgehalten, Gefühle reguliert werden können und sich daraus Weisheit entwickelt, die weniger mit Wissen zu tun hat als mit Erfahrung und Urteilsvermögen.

Debbie Harry klingt wie eine weise Frau, aber wenn sie über ihr Leben spricht, tut sie das nicht aus der Sicht einer älteren Dame, die auf etwas zurückschaut, das längst vorbei ist. Denn vieles, was ihr Leben früher ausmachte, hat sich bis heute nicht verändert: Sie sieht Chris Stein weiterhin fast täglich, sie reist um die Welt, steht auf der Bühne und posiert vor Kameras. Sie ist immer noch Blondie, Debbie Harry, auf der ganzen Welt bekannt.

Debbie Harry wurde 1945 als Angela Trimble in Miami geboren. Der Zweite Weltkrieg war in Europa gerade vorbei, und es sollte nur noch zwei Monate dauern, bis er überall endete. Sie erinnert sich noch, wie viele Frauen es in ihrer Kindheit gab, die ihre Männer verloren hatten. 1945 konnte niemand damit rechnen, dass ein gerade geborenes Kind, das noch im Krieg gezeugt worden war, ein ganzes Leben hinter sich bringen könnte, ohne einen Krieg unmittelbar miterleben zu müssen. Debbie Harry begreift auch das heute als großes Glück.

Ihre leibliche Mutter war Konzertpianistin, die Adoptiveltern aber waren praktische, konservative Menschen. Deren Erwartungen konnte sie nicht entsprechen, denn das hätte bedeutet, ein konventionelles Leben zu führen: »Ich war nicht in der Lage, das, was meine Eltern mir sagten, als Gesetz zu verstehen«, sagt sie. »Ich hatte und habe keine Angst, ich selbst zu sein.«

Früh schon war ihr klar, dass sie ihren Horizont erweitern musste: »I had to«, sagt sie – sie musste das tun, musste hinaus in die Welt. Und ihre Eltern hielten sie nicht ab, sie liebten sie so, wie sie war, sie wussten, dass sie gegen die Sturheit ihrer Tochter sowieso nicht ankämen. Debbie Harry ging in den 1960er-Jahren nach New York. Es war eine Zeit, in der politische Antworten auf die Fragen gesucht wurden, die der Zweite Weltkrieg und überhaupt die martialische erste Jahrhunderthälfte aufgeworfen hatten. »Es gab Debatten über den Zustand der Welt, darüber, wie Frieden zu erreichen wäre, es waren die Jahre des Aktivismus«, so erzählt sie.

Sie fand einen ersten Job als Sekretärin im New Yorker Büro der BBC. Sie war nicht besonders gut darin, ein Büro zu führen, und machte viele Fehler, wurde aber nicht gekündigt. Heute sagt sie, wie froh sie auch darüber sei: Bei der BBC lernte sie bekannte Leute kennen und bekam Einblick in eine Welt, die größer war als die, die sie von zu Hause kannte.

Sie kellnerte mit Hasenohren auf dem Kopf und Stummelschwanz am Po in einem Playboy-Club, und selbst darauf blickt sie heute amüsiert und gelassen: Sie sagt, dieser Job sei ein Anstoß gewesen, über Geschlechterbilder nachzudenken, und das sollte ihre ganze Laufbahn prägen. Ihr wurde bewusst, dass die Schauspielerin Marylin Monroe, die immer ihr Idol gewesen war, auch außerhalb ihrer Filme nur eine Rolle gespielt hatte, eine Rolle, die von Männerwünschen erzeugt worden war: Schmollmund, blonde Locken, üppige Kurven – Marilyn erfüllte dieses Idealbild bis an die Grenze zur Karikatur. Die Drag Queens, mit denen sich Debbie Harry in New York anfreundete, überschritten diese Grenze.

In der Zeit, als sie mit der Frauenband Stiletto auftrat, verliebte sie sich in Chris Stein, einen jungen Mann aus einer intellektuellen jüdischen Familie, mit dem sie anderthalb Jahrzehnte zusammenbleiben würde. Auch über ihn spricht sie voller Anerkennung: »Wir hatten eine sehr komplizierte, aber sehr positive Beziehung, in der wir uns gegenseitig halfen. Oft geraten ja Frauen in Beziehungen zu Männern, die nicht unbedingt hilfreich sind. Aber ich hatte einen Mann, der so optimistisch war wie ich und der eine enorme Kraft entwickeln konnte, die Dinge, die wir uns künstlerisch vorstellten, gemeinsam mit mir weiterzutreiben und durchzuhalten.«

Zusammen mit Chris Stein gründete sie die Band Blondie und verkörperte sie als die gleichnamige Kunstfigur nach dem Vorbild von Marilyn Monroe. Auf Fotos posierte sie mit halb geöffnetem Mund und halb geschlossenen Augen, sie bleichte ihr Haar mit Wasserstoffperoxyd, sie wirkte stark, selbstbestimmt, sexy. Die Blondie-Figur sollte, anders als Marilyn, auch eine männliche Seite haben und aus diesem Wechselspiel aus typisch männlich und typisch weiblich ihre Spannung beziehen. In einem ihrer bekanntesten Lieder, »Maria«, singt sie von einem Klosterschüler, der die unerreichbare Jungfrau begehrt, und nimmt dabei seine Sichtweise ein.

Damals in den 1970er-Jahren dominierten Männer das Musikgeschäft noch mehr als heute, es gab nur wenige erfolgreiche Frauen in der Branche. Eine davon war Patti Smith – sie gab sich eher männlich, so jedenfalls empfand es Debbie Harry, und so schreibt sie es auch in ihrer Autobiografie: »Auch wenn ich tief in meinem Inneren davon überzeugt bin, dass wir beide im Grunde das Gleiche wollten, verfolgte ich doch einen anderen Ansatz als sie. In vielerlei Hinsicht könnte man sagen, dass mein Weg der provokantere war. Eine künstlerisch selbstbestimmte Frau in eindeutig weiblich und eben nicht männlich konnotierten

Klamotten war damals eine klare Grenzüberschreitung. Meine Rolle war die einer extrem femininen Frontfrau einer männlichen Rockband in einem klaren Machoumfeld. In unseren Songs sang ich über Dinge, über die Frauen damals einfach nicht gesungen haben. Statt ihn devot anzubetteln, doch bitte wieder nach Hause zu kommen, gab ich ihm einen gewaltigen Tritt in den Hintern, schmiss ihn raus und trat mir danach auch noch selbst in den Hintern. Mein Blondie-Charakter war eine aufblasbare Puppe mit einer dunklen, provokanten, aggressiven Seite. Ich habe diese Rolle nur gespielt, sie war aber absolut ernst gemeint.«

Doch der Erfolg von Blondie stellte sich nicht sofort ein. Chris Stein und sie machten harte Zeiten durch, aber auch darin kann sie das heute Positive sehen: Sie mussten improvisieren und fanden so ihren eigenen Stil. Damals waren viele Menschen, die in New York lebten, arm, und wer die Miete nicht mehr bezahlen konnte, verschwand heimlich aus seiner Wohnung und ließ seine Sachen dort zurück. Später wurden sie von irgendwem auf die Straße gestellt. Debbie Harry und Chris Stein bedienten sich, nähten Kleider aus Polsterstoff und Kissenbezügen. Der Stil, der so entstand, wurde zum Merkmal von Blondie.

1978 erschien dann das Album *Parallel Lines,* der Song »Heart of Glass« erreichte die Spitze der US-amerikanischen Charts und wurde auch in Großbritannien, in Deutschland, Österreich und der Schweiz ein Nummer-Eins-Hit. Der Anfang der 1980er-Jahre neu gegründete Musiksender MTV beförderte den Erfolg der Band, sodass die Kunstfigur Blondie, die Debbie Harry geschaffen hatte, zur Ikone wurde. Andere Sängerinnen, vor allem Madonna, imitierten sie. Blondie wäre ohne Marilyn nicht zu denken und Madonna nicht ohne Blondie. Debbie Harry sagt heute aber, sie habe sich immer als Künstlerin verstanden, ihr Antrieb als Musikerin, Model und Schauspielerin sei nie gewesen, Karriere zu machen: »Ich habe nicht länger als einen Tag vorausgeplant, ich denke nicht, dass ich einen Überblick hatte.«

Chris Stein und sie machten alles mit, was zu der Zeit üblich war, und in der New Yorker Kulturszene war es üblich, Drogen zu nehmen. Die beiden experimentierten mit Heroin. Selbst als er eine Weile im Krankenhaus lag, versorgte sie ihn mit der Droge, damit er die Schmerzen besser ertrug. Es dauerte eine Weile, bis sie beide ihre Sucht überwinden konnten. Heute spricht sie weniger von den Qualen der Abhängigkeit als davon, wie sie es schaffte, von den Drogen loszukommen. Es habe ihr geholfen, ein »Kontrollfreak« zu sein: »Ich habe nie so viel Drogen genommen, dass ich auch nur in die Nähe einer Überdosis gekommen wäre. Wie Drogen wirken, wie man damit umgeht, hat viel mit der eigenen Persönlichkeit zu tun. Es ist ein sehr persönlicher Kampf.« Für sie war es nicht so schwierig aufzuhören wie für andere: Sie erzählt von ihrem Weg aus der Abhängigkeit nicht als einem größeren Konflikt, sondern als einer Frage der Entscheidung, Verantwortung für sich selbst zu übernehmen.

Nach der Trennung von Chris Stein liebte sie Frauen und Männer, wie man die eigene Sexualität lebt, ist für sie auch eine Frage der Entscheidung: »Ich denke, wir sind alle potenziell multisexuell«, sagt sie. Dafür offen zu sein, habe eher etwas damit zu tun, ehrlich mit sich selbst zu sein und bereit, etwas über sich herauszufinden. »Eigentlich geht es ja gar nicht so sehr um Sex. Sex ist nur Chemie. Es geht um die andere Person. Und darum, sich selbst in unterschiedlichen Beziehungen als glücklich zu erleben.« Wie weit man hier gehen wolle, wie viel man hier über sich herausfinden wolle, liege ganz und gar bei einem selbst.

Debbie Harry spricht über all diese Themen in einem sachlichen und nüchternen Ton, mit einer positiven Grundstimmung und einem menschlichen, verzeihenden und ermutigenden Pragmatismus, auch über das Alter: Niemand könne es umgehen, und natürlich brächten die Jahre, in denen Frauen ihre Fruchtbarkeit verlören, Veränderungen mit sich: Schwanger werden zu können sei nun mal untrennbar mit Weiblichkeit verknüpft. »Face it« ist ihre Haltung zum Leben – sie versucht gar nicht erst, dem Unvermeidbaren auszuweichen, sie kann es aushalten.

Sie steht auch dazu, dass sie Schönheitsoperationen vornehmen lässt: »Ich möchte mich für mich selbst und für andere in einer guten Verfassung erhalten. Wir haben alle die Verantwortung, uns so gut es geht um uns selbst zu kümmern. Aber wir sind nicht alle gleich gesund. In vielerlei Hinsicht sind wir unserem Alter hilflos ausgeliefert, aber mit unserem Äußeren können wir etwas tun. Offen über Schönheitsoperationen zu sprechen ist mein Beitrag, Frauen und Männern dies leichter zu machen.«

Die Angst ihrer jüngeren Jahre konnte sie hinter sich lassen, aus den Brüchen in ihrem Leben ist eine Weisheit entstanden: »Wenn du Glück hast, findest du etwas, das es dir ermöglicht, gut mit dir selbst zu leben.« Und dies ermöglicht es wiederum, ab den mittleren Jahren zurückschauen und so wie Debbie Harry sagen zu können: »Wie auch immer es war, es war gut so.«

Männer

Die Schriftstellerin Jackie Thomae und die Empathie für das andere Geschlecht

Jackie Thomae heißt, wie viele Jackies, eigentlich Jacqueline. Es war ein Modename in den 1970er-Jahren, der erst später einen schlechten Ruf bekam. In Artikeln wird mittlerweile darauf hingewiesen, dass eine Jacqueline schlechtere Chancen im Beruf habe als eine Charlotte oder Sophie. Jackie Thomae war zu dem Zeitpunkt, als diese Artikel erschienen, schon zu alt, um sich betroffen zu fühlen, außerdem ist ihr Vater französischsprachig. Sie hat ihre eigenen Gründe, warum sie sich Jackie nennt. Zu der Zeit, in der sie als Autorin für TV-Comedys arbeitete, war es besser, eine E-Mail-Adresse zu haben, die nicht klar zu erkennen gab, ob sich dahinter ein Mann oder eine Frau verbarg.

Humor gilt als eine männliche Eigenschaft. In einer Fernsehredaktion sei ihr einmal erklärt worden, erzählt Jackie Thomae, das habe evolutionäre Gründe: Frauen brauchten ihr Aussehen, um das andere Geschlecht zu beeindrucken, Männer brauchten Humor: »Ich hätte sagen sollen: ›Soll das ein Witz sein?‹ Habe ich aber nicht. Heute würde ich das tun. Ich folge einigen weiblichen Standup-Comediennes auf Instagram und lese nach wie vor in den Kommentaren: *Women aren't funny* –

Frauen sind nicht witzig. Die Welt ändert sich eben an keiner Stelle auf einen Schlag.«

Damals, in den frühen 2000er-Jahren, waren solche Sätze normal. Frauen hörten manchmal gar nicht mehr hin oder hatten keine Lust, jedes Mal dagegenzuhalten. »Ich habe das nicht toll gefunden«, sagt Jackie Thomae. »Aber ich habe es so stehen lassen. Ich war dann dort das Mädchen, das mit den Jungs spielen kann. Die These mit dem Humor war natürlich kompletter Unsinn, aber ich habe oft und gern mit Männern zusammengearbeitet.«

Frauen werden in eine patriarchale Welt hineingeboren. Dass das so ist, dafür kann erst einmal niemand etwas, auch die heutigen Männer haben diese Welt so vorgefunden. Doch ein Mann, der über Rollenmuster nicht genauer nachdenken möchte, kommt mit dem gedanklichen Bausatz über Frauen, der ihm von dieser Welt mitgegeben wird, gut durchs Leben. Er muss nicht einmal über sich selbst und seine eigene Rolle in der Gesellschaft nachdenken, wenn er das nicht möchte. Frauen wiederum kommen gar nicht drum herum, sich mit den Prinzipien einer von Männern und für Männer geschaffenen Zivilisation auseinanderzusetzen, um darin ihren Platz zu finden. Allerdings haben Frauen durch die feministische Bewegung, die seit über hundert Jahren existiert, und somit durch das intensive Nachdenken über Geschlechterverhältnisse etwas gewonnen, das man heute »Diskurshoheit« nennt; viele Männer hingegen erleben sich in Geschlechterdebatten inzwischen als sprachlos.

Der Journalist Markus Brauck schrieb dazu 2017, als die #MeToo-Bewegung aufkam, einen Kommentar im *Spiegel*: »In welcher Weise sich das Selbstverständnis der Männer ändern muss, darüber hat die Debatte kaum begonnen. Geführt und erlebt wird sie von vielen Männern allenfalls als Rückzugsgefecht. Sie sind irritiert, verunsichert, sie halten sich raus. Die

Frauen dagegen erobern in einem zähen Kampf Millimeter um Millimeter gesellschaftliche Räume. Sie wehren sich. Sie bestimmen den Diskurs.« Es gebe nicht einmal einen Begriff, der dem Feminismus entspreche, schreibt Brauck. Im »Maskulinismus«, der für die Rechte und Bedürfnisse von Männern eintritt und dabei antifeministisch argumentiert, weil seine Anhänger darauf bestehen, überlegen zu sein, sieht Brauck eine »bedeutungslose Rückwärtsbewegung, die Machomacht verteidigen« wolle.

Jackie Thomaes Thema waren ursprünglich die Frauen. 2007 bekam sie zusammen mit der Autorin Heike Blümner den Auftrag, ein Buch für Frauen zu schreiben, das ein Pendant zu dem Bestseller *Ein Mann, ein Buch* sein sollte. Darin wird Männern augenzwinkernd beigebracht, wie man eine Boeing 747 landet, eine Krawatte bindet oder Papst wird. Als Jackie Thomae gemeinsam mit ihrer Co-Autorin darüber nachdachte, wie ein ähnliches Buch für Frauen aussehen könnte, fiel ihnen auf, dass das gar nicht so einfach war. Die Bücher sollten jeweils von den typischen Wünschen, die Männer beziehungsweise Frauen haben, ausgehen. Jackie Thomae und ihre Co-Autorin mussten herausfinden, welche das sind: »Bei Männern geht man davon aus, dass sie eindrucksvolle, aber unkomplizierte Wünsche haben. Wer einmal gelernt hat, eine Boeing 747 zu landen, schafft das in überschaubarer Zeit, sagen wir, in fünfzehn Minuten. Und alle sind dann glücklich damit. Für Frauen gab es das Pendant zu dieser grandiosen Punktlandung nicht. Unsere Wünsche, so stellten wir fest, funktionieren längerfristig, viele beziehen auch andere Menschen mit ein. Kurz: Mit einem gelungenen Stunt wird keine Frau glücklich. Für eine Frau soll die Familie gesund sein, der Mann happy, sie selbst happy, sie soll alles managen können und dabei *bella figura* machen und dann noch hoffen: Lieber Gott, lass meinen Eltern nix passieren.«

Eine Frau, ein Buch erschien im Jahr 2008 und wurde ein Erfolg. Doch als freie Autorin wollte Jackie Thomae nicht auf Stoffe für Frauen festgelegt werden: »Ein Proseccoglas oder ein Stöckelschuh auf dem Cover reichen schon, um die Zielgruppe einzugrenzen beziehungsweise die männliche Leserschaft außen vor zu lassen.« Es gebe gute sogenannte *Chicklit*-Romane, räumt sie ein, aber damit wolle sie nichts zu tun haben. Schon der Begriff *Chicklit* – der sich mit »Literatur für Hühner« nur unzureichend ins Deutsche übersetzen lässt – legt nahe, warum sie sich nicht in die Nähe dieses Genres begeben mochte.

Die moderne Frauenliteratur, die sie meint, arbeitet mit den immer gleichen Szenarien: Die Frau ist unzufrieden, besonders mit sich selbst. »Mitunter wirklich lustig erzählt, arbeitet sich die Frau dann ihrem Happy End entgegen, und das heißt immer: Mann! Daran hat sich seit Jane Austen eigentlich nichts geändert.« Und Frauenzeitschriften, so sagt sie, hielten das Prinzip aufrecht, dass Frauen sich selbst der größte Feind sind, und auch das wollte sie nicht bedienen: Zum Schönsein und Muttersein gehöre heutzutage unbedingt auch der berufliche Erfolg, was den Druck nochmals gesteigert habe: »Vielleicht ist es oft auch dieser Anspruch, allen zu gefallen, der es Frauen schwerer macht, öfter mal Nein zu sagen oder härter zu verhandeln.« Der Perfektionsdruck, der hier aufgebaut werde, stamme jedoch nicht von Männern, sondern von den Frauen selbst: »Die vermeintlichen Männerideale, denen man hier versucht gerecht zu werden, waren schon immer eine Illusion, halten sich aber hartnäckig und sind heute noch schwerer zu erfüllen als je zuvor.«

Die Diskussion darüber, was überhaupt unter »männlich« und »weiblich« zu verstehen ist, was davon festgelegt und was wandelbar ist und wie es sich fortlaufend reproduziert, läuft schon seit einigen Jahrzehnten. Angestoßen wurde sie Anfang der 1990er-Jahre, unter anderem von der amerikanischen

Philosophin Judith Butler mit der Schrift *Das Unbehagen der Geschlechter*, die traditionelle Männlichkeits- und Weiblichkeitskategorien nicht als naturgegeben oder unausweichlich beschreibt, sondern als sogenannte soziokulturelle Konstrukte.

In Jackie Thomaes jüngstem Roman *Brüder* sind die beiden Hauptfiguren Männer. Wie Jackie Thomae selbst sind sie Anfang der 1970er-Jahre geboren, anhand ihrer Biografien erzählt sie, wie sie zu denen geworden sind, die sie in der Lebensmitte sind. Es habe ihr Spaß gemacht, Männerfiguren zu erfinden, sich in sie hineinzufühlen, ähnlich wie bei ihrem ersten Roman *Momente der Klarheit*, in dem sie auch schon einige Kapitel aus der männlichen Perspektive erzählt. Damals hatte sie sich einen Mann als Lektor gewünscht und bekommen. Mit ihm hat sie auch an *Brüder* gearbeitet. Doch seine Perspektive sei für sie nicht als die männliche Perspektive schlechthin zu verstehen, denn die eine männliche Perspektive existiere ebenso wenig wie die ultimativ weibliche, sagt sie: »Ich brauche die Einschätzung meines Lektors unbedingt, aber nicht, weil er ein Mann ist, sondern weil er genau die Person ist, die er ist.«

Jackie Thomae wurde 1972 in Halle an der Saale geboren und wuchs in Leipzig auf – ohne ihren Vater, der aus Guinea in Westafrika stammt und in der DDR studiert hat: »Ich habe das von jeder Seite aus betrachtet und durchfühlt und kam irgendwann zu dem Schluss, dass es okay ist, wie es ist«, sagt sie dazu. »Es gibt die ›Rama‹-Familie nicht, und es gibt viele Gründe, warum Menschen nicht mit beiden Eltern aufwachsen. Und keinen Vater zu haben bedeutet nicht, dass das Leben nicht vollständig sein kann.«

Als ihr Vater wieder in ihr Leben trat, war sie bereits über vierzig und der Meinung, mit diesem Thema endgültig abgeschlossen zu haben: »Es fühlte sich also nicht an wie in einer TV-Überraschungsshow, in der man sich tränenüberströmt in die Arme schließt.« Dennoch gab es offene Fragen, zum Beispiel solche, die ihre Mutter als Europäerin ihr nie hatte beantworten können. »In Afrika definierst du dich nicht über deine Nation, sondern über dein Volk. Für diese Herkunftsgeschichte brauchte ich meinen Vater.«

Kurz nachdem ihr Vater sich überraschend bei ihr gemeldet hatte, suchte sie einen Psychotherapeuten auf. »Ich fand, es wäre gut, mich in dieser biografischen Ausnahmesituation mit einem Profi zu unterhalten. Und, hier wird sich jeder Küchenpsychologe bestätigt fühlen: Ich wollte unbedingt mit einem älteren Mann sprechen.« Sie suchte einen älteren Herrn auf, erzählte ihm ihre Geschichte, der ältere Herr habe daraufhin seinen Kopf zur Seite geneigt und gesagt: »Jetzt wollen wir doch erst einmal herausfinden, warum Sie nicht verheiratet sind und keine Festanstellung haben.«

Diese Szene mit ihrem Psychotherapeuten belege ganz gut, wie sehr sich die Wahrnehmung, die man von sich selbst hat, davon unterscheiden kann, wie andere einen sehen, sagt Jackie Thomae: »Was diesem Mann in meinem Leben zu fehlen schien, fehlte mir bis dato überhaupt nicht.«

Ihr fällt auf, wie viel häufiger sie auf ihren Vater angesprochen wird als auf ihre Mutter. Wenn sie auf ihren Lesungen vorgestellt werde, heiße es ständig: »Ihr Vater kommt aus Afrika und studierte Medizin in der DDR, und die Mutter ist Ostdeutsche.« Sie habe diesen Satz zigmal gelesen und gehört, bis sie bei einer öffentlichen Veranstaltung schließlich sagte: »Übrigens, meine Mutter hat auch studiert.« Daraufhin habe es Applaus gegeben, erzählt sie. Sie freute sich, zeigte er doch, »dass dem Publikum diese Schieflage auch aufgefallen war«.

Jackie Thomae sitzt im Garten eines Cafés in Berlin, der Stadt, in der sie schon seit Jahrzehnten lebt. Es ist schon kühl draußen, aber drinnen war es eben stickig und laut, es ist ihr lieber, draußen zu sein. Sie hat sich auch warm angezogen, sie trägt Sachen, die ein Mann genauso tragen könnte, eine Hose aus Tweed, einen Wollpullover und eine leichte Steppweste. An ihr, wie an den meisten Frauen, wirkt eine solche Kleidung heutzutage nicht männlich, wie sie auch bei Männern nicht weiblich wirken würde.

Wenn Jackie Thomae auf eine Pointe hin erzählt, beginnen immer erst die Augen zu lächeln, dort zeigt sich dann ein Schimmer, ihre Mundwinkel zucken, und schließlich ist da ein strahlendes Lächeln, das manchmal, wenn es sehr lustig wird, was sie sagt oder beobachtet, in ein mitreißendes Lachen übergeht.

Sie hat einen genauen Blick auf andere, durchschaut Strukturen, ist aber vorsichtig mit Urteilen, ihr sind Nachsicht und Empathie lieber. Dabei hilft ihr auch ihr Humor, er ist nicht nur ein Mittel, um Probleme zuzuspitzen, sondern auch um den Umgang damit zu erleichtern.

Und so sieht sie auf das Verhältnis von Mann und Frau lieber positiv, als sich daran abzuarbeiten. Dass die Welt nicht gerecht ist, sei keine neue Nachricht, sagt sie. Viel interessanter sei es für Frauen, dorthin zu schauen, wo Männer etwas anders machten. »Und zwar nicht gegen uns, sondern weil es ihnen so gefällt.« Sie hat beobachtet, wie Praktikanten in Verlagen oder Fernsehanstalten schon früh mit den wichtigen Männern Kontakt hätten und sie duzten, weil sie in der Freizeit mit ihnen Fußball spielten, während die Frauen, die auf derselben Ebene anfingen, diesen wichtigen Männern noch nie begegnet seien. »Die anschließende Beförderung der männlichen Praktikanten geschieht dann nicht etwa, um Frauen zu benachteiligen, sondern weil man sich mag – das ist nicht unbedingt gerecht, aber es ist total nachvollziehbar, und vor allem ist es menschlich.«

Solche Abläufe sind durch Studien belegt und zigmal diskutiert worden, manches hat sich durch die Quotenbewegung und auch durch die Einsicht, dass gemischte Teams besser funktionieren, auf dem Arbeitsmarkt verbessert. Jackie Thomae hat sowieso das Gefühl, dass sich gerade in den vergangenen zehn Jahren, in denen sie und ihre Generation die Lebensmitte erreicht haben, viel im Miteinander zwischen Männern und Frauen getan habe: »Obwohl man manchmal in der Debatte den Eindruck bekommt, wir würden erst seit #MeToo miteinander reden, und dieser Eindruck ist falsch. Es gab schon immer und überall Männer und Frauen, die sich auf Augenhöhe begegnet sind. Und es wäre hilfreich, öfter dorthin zu schauen, wo das funktioniert und funktioniert hat.«

Ähnliches hat sie auch in den vielen Interviews und Diskussionen zum Thema Rassismus gesagt, die sie zu ihrem Roman *Brüder* geführt hat. Der Vater der beiden Protagonisten, die getrennt voneinander aufwachsen, stammt aus einem afrikanischen Land. Sowohl in den Debatten über Feminismus als auch über Rassismus kämen nach ihrem Geschmack die Geschichten der Leute, die über Machtverhältnisse nachdächten und ihnen etwas anderes entgegensetzten, viel zu kurz. »Ich glaube nicht an die Guten und die Bösen, ich glaube an die Leute, die keinen gesellschaftlichen Druck brauchen, um ihre Mitmenschen mit Respekt zu behandeln.«

Ihre eigene Haltung zu diesem Thema hängt für sie mit einer Veränderung zusammen, die sie in der Lebensmitte insgesamt bei sich beobachtet: »Ich denke, ich war immer eher eine Menschenfreundin, aber da ist, seit ich über vierzig bin, noch einmal mehr Verständnis dazugekommen. Nicht nur, weil ich älter geworden bin, auch, weil ich schreibe. Figuren zu entwickeln ist eine hervorragende Übung, wenn es darum geht, den anderen wirklich verstehen zu wollen.« Das sei ein Gewinn, den sie so nicht habe vorhersehen können und von dem ihr auch andere Autorinnen und Autoren berichtet hätten.

Einer der Hauptunterschiede zwischen Männern und Frauen bestehe ihrer Meinung nach im Druck, der von außen auf ihnen laste. Bei Männern sei er nach wie vor größer, wenn es darum gehe, sich im Beruf zu behaupten. Daher komme auch die Angst vor dem Bedeutungsverlust, den alte Männer häufig mit Besserwisserei kompensierten. Sie beobachtet auch eine größere Angst bei Männern, sich mit sich selbst zu beschäftigen.

Sich aber mit den eigenen Themen auseinanderzusetzen, sie »ganz zu durchfühlen«, wie Jackie Thomae es über ihr Vater-Thema sagt, kann Abstand dazu herstellen, so paradox es auch klingen mag.

Die Gleichheit von Mann und Frau wurde bereits kurz nach dem Zweiten Weltkrieg im Grundgesetz festgehalten, in Artikel 3 Absatz 3. Das ist ein Menschenleben her, und das Ziel ist längst noch nicht erreicht. Frauen können Männern Angebote machen, darüber nachzudenken, wie echte Gleichberechtigung aussehen könnte, sie können ihnen auch Mut machen, über sich selbst und die Geschlechterrollen, die sie vorfinden, nachzudenken. Das Nachdenken selbst aber können sie ihnen nicht abnehmen. Und in die Debatte einsteigen, das müssen Männer schon selbst.

Morgen

An einem frühen Abend im Sommer, kurz bevor ich zu Marie Bäumer nach Frankreich reiste, besuchte ich eine Freundin und ihren Mann. Die beiden waren gerade aus Frankreich zurückgekommen, sie kennen die Gegend, in der Marie Bäumer lebt, und gaben mir ein paar Hinweise. Es war warm, wir saßen auf dem Balkon, und meine Freundin holte einen französischen Wermut heraus, mixte ihn mit Crémant und legte eine Rispe Johannisbeeren auf den Rand des Glases. Ich musste an meine Kollegin Susanne Mayer denken, die im Vorwort vorkommt und die mir beigebracht hat, dass manches für einen gelegentlichen Cocktail am späten Nachmittag spricht. Und daran, wie schön es ist, in der Lebensmitte wieder mehr Zeit für Freundschaften zu haben. Meine Freundin und ich kennen uns schon seit Jahrzehnten, aber in der Lebensphase, die in der Forschung »Rushhour« heißt, in den späten Dreißigern und den Vierzigern, haben wir viel zu wenig solche Abende zusammen verbringen können.

Ich freute mich schon auf die Reise und erzählte den beiden von meinen Begegnungen und von den Gedanken, die ich mir zu diesem Buch gemacht hatte.

Meine Freundin ist in meinem Alter, ihr Mann wiederum ist knapp dreißig Jahre älter als sie. Zu dem, was er gerade von mir gehört hatte, sagte er: »Du schreibst also über eure Generation, die demnächst in die Rolle einrücken wird, die heute dem alten weißen Mann gehört.«

Wir mussten lachen, aber er wurde schnell wieder ernst. Mehr zu sich als zu uns sagte er: »Natürlich bin ich alt, und weiß bin ich auch, aber bin ich dadurch automatisch all das, was alte weiße Männer angeblich ausmacht?«

Er hatte recht. Nicht nur auf Frauen, auch auf Männer werden Vorstellungen projiziert, auch darüber habe ich in diesem Buch nachgedacht. Klischees dienen dazu, Übereinstimmungen deutlich zu machen, aber es gibt niemanden, der in jeder Hinsicht einem Klischee entspricht.

Auch die neunzehn Frauen, die ich hier vorgestellt habe, sind völlig verschieden – in ihrem Denken, ihrem Leben, ihrem Entwurf von Weiblichkeit. Die Haltung, zu der jede von ihnen in der Lebensmitte gefunden hat, ist jedoch ähnlich. Und so bestätigt sich hier erneut das Lebensgefühl, das ich an mir selbst beobachte und das zur Idee für dieses Buch geführt hat. Stellvertretend für ihre Generation – die Punksängerin Debbie Harry und die Schriftstellerin Siri Hustvedt sind etwas älter, die Klimaforscherin Friederike Otto ist etwas jünger – zeigen diese Frauen, dass das Bild der mit dem Alter gestraften Frau ausgedient hat, aber auch, dass sich die Gesellschaft verändert hat, seit unsere Mütter in diesem Alter waren. Zum Beispiel berichtete keine der Frauen sie würde sich unsichtbar fühlen. Siri Hustvedt hat zwar registriert, dass die Aufmerksamkeit der Männer ihr gegenüber nachgelassen hat, sie empfindet dies jedoch als Erleichterung.

Ausnahmslos alle Frauen erzählten von einer größeren Gelassenheit, die die Lebensmitte im Vergleich zu jüngeren Jahren mit sich bringe, und von einem gewissen Stolz, das Leben bisher ganz gut hinbekommen zu haben. Keine dieser Frauen – andere Beispiele aber gibt es sicher – schleppt noch einen nennenswerten Groll auf die eigenen Eltern mit sich herum, die meisten haben sich von sich aus liebevoll geäußert oder zumindest verständnisvoll. Überhaupt bildeten Verständnis und Versöhnung, vor allem auch mit sich selbst, ein deutliches Leitmotiv ihrer Erzählungen. Insgesamt haben die Erfahrungen und auch die Lebenskämpfe etwas hervorgebracht, auf das ein altmodisches, aber schönes Wort zutrifft: Weisheit.

So hat die Angestellte Anna Huthmacher zum Beispiel verstanden, dass insbesondere in der Lebensmitte Liebe und Verantwortung zusammengehören. Die Schauspielerin Marie Bäumer hat Wege gefunden, wie sie sich ihrer selbst und ihrer Umwelt bewusst werden kann, im Sinne von: »Ich fühle, also lebe ich«. Auch die Schriftstellerin Siri Hustvedt hat entdeckt, dass Geist und Körper zusammenspielen, dass wir »denkende Körper« sind. Die Sportlerin Birgit Fischer hat gelernt, auf ihren Körper zu hören und damit sogar das Altern aufzuschieben. Die Politikerin Katarina Barley setzt auf Authentizität. Die Weisheit der ehemaligen Hausfrau Antje Steffen liegt darin, zu ihrer Haltung zu stehen und dadurch bei sich zu bleiben, die der Autorin Jackie Thomae in ihrer Empathie. Alle diese Frauen sind auf ihre Weise vorbildhaft, auch wenn dies kaum eine für sich in Anspruch nehmen würde, weil jede Einzelne zu sehr um die eigenen Kämpfe weiß.

Ein weiteres Leitmotiv in den Erzählungen ist ein selbstbewusster Umgang mit Tabuthemen. Egal ob Fehlgeburten, künstliche Befruchtung, gleichgeschlechtliche Liebe, Promiskuität, Einsamkeit, Schönheitsoperationen, Armut, Unsicherheit, Verlassen und Verlassenwerden: Da ist eine Unbefangenheit zu spüren, die zeigt, dass tradierte Weiblichkeitsbilder – von der treusorgenden Mutter, der makellosen Schönheit, der sich aufopfernden Alleskönnerin – für diese Generation kein Maßstab mehr sind, weil es kein Gefühl von Scham auslöst, sie nicht erfüllen zu können; und dass es abseits davon eine ganze

Reihe neuer Lebensmodelle gibt, die für eine selbstbewusste Weiblichkeit stehen – Modelle, die offener sind für die Realitäten des Lebens.

Die Frauen definieren zum Beispiel Familien- und Beziehungsleben neu: Die Angestellte Anna Huthmacher hat sich gemeinsam mit einer Frau für ein Kind entschieden, der Ehemann der Unternehmerin Antje von Dewitz führt den Haushalt, die Professorin Friederike Otto lebt mit ihrem Partner in einer offenen Beziehung. Freundinnen und Freunde bilden für sie im Sinne des US-amerikanischen Schriftstellers Armistead Maupin die *logical family*, wie auch für Antje Steffen und die Lehrstuhlinhaberin Henrike Lähnemann.

Manche der Frauen sind gescheitert – Katarina Barley an Wahlen, weil Gewinnen und Verlieren nun mal zur Politik dazugehören; Antje Steffen und die Schriftstellerin Eva Menasse an ihren Vorstellungen von Familienleben – und fanden einen neuen Weg. Manche wurden verletzt und lernten verzeihen: Eva Menasse ihrer Mutter, Jackie Thomae ihrem Vater, Debbie Harry ihren leiblichen Eltern. Joy Denalane und ihr Mann verziehen einander, sodass ein Neuanfang möglich wurde, für Joy Denalane hat das Verzeihen aber auch eine politische Dimension.

Eine Gemeinsamkeit zwischen den Frauen war mir zwar abstrakt klar gewesen, hatte mich in den konkreten Geschichten dann aber doch überrascht: Die Frauen, die jetzt in der Lebensmitte angekommen sind, stammen aus völlig anderen Zeiten. Ihre Kindheit und Jugend waren noch tief geprägt von den Folgen des Zweiten Weltkriegs, vom Kalten Krieg, von der DDR oder von der sogenannten alten Bundesrepublik, schließlich vom Mauerfall und dem Verschwinden einer gespaltenen Welt.

Außerdem verbrachten alle zwei bis drei Jahrzehnte ihres Lebens ohne Internet und ohne für sie spürbare Folgen der Globalisierung. In vielerlei Hinsicht waren sie alle Zeuginnen von

Zeitenwenden. Ein so eindeutiges Vorher und Nachher verlangte ihnen Perspektivwechsel ab und insofern auch Reife – ein weiteres Leitmotiv der Erzählungen.

Zugleich haben die Angehörigen der Generation, die jetzt die Lebensmitte erreicht hat, ganz andere Möglichkeiten als ihre Eltern, das Hereinbrechen historischer Ereignisse in ihr Leben zu reflektieren und die Geschichte vorhergehender Generationen und deren Auswirkungen auf sie selbst zu bedenken. Heute wäre es eine Selbstverständlichkeit, traumatische Erlebnisse wie eine frühe Kindheit im Bombenkrieg, wie sie die Eltern der jetzt über Fünfzigjährigen meist noch erlebt haben, in Therapien zu besprechen. Für die meisten Eltern selbst ist das jedoch undenkbar gewesen, sodass manche seelische Lasten erst von ihren längst erwachsenen Kindern bearbeitet werden. Etwas zu verstehen bietet Entlastung, das formuliert auch Jackie Thomae im Kapitel »Männer«: Man müsse das Erlittene ganz »durchfühlen«, um Abstand davon zu bekommen. Es nicht unbearbeitet an die eigenen Kinder weiterzugeben und gleichzeitig die eigenen Eltern über das, was sie erlebt haben, wahrzunehmen, schafft Verständnis und Versöhnung.

Aus dieser Perspektive bekommt die Lebensmitte noch eine andere Bedeutung. Die faktische Verantwortung für die nachfolgende Generation, ganz unabhängig davon, ob es die eigenen Kinder sind, und die zunehmende Verantwortung für die vorhergehende, ganz unabhängig davon, ob es die eigenen Eltern sind, fordert der mittleren Generation viel ab. Aber wie in allen Herausforderungen liegt darin auch eine Chance: einen wichtigen Beitrag zu leisten für das Gelingen des großen Ganzen.

Natürlich haben die Frauen in diesem Buch mehr oder weniger vom Wohlstand des Westens profitiert und sind insofern privilegiert. Ihren Platz im Leben mussten sie dennoch selbst finden –

einen Automatismus, Rollen zu erben, gibt es für uns Frauen heute nicht. Vor allem deswegen werden wir auch nicht so werden, wie es das Klischee für den alten weißen Mann vorsieht. Denn der hat dem Klischee zufolge seine Rolle von den Altvorderen geerbt. Die Rolle, die im Westen in der vorherigen Generation Frauen noch vorgegeben war, die der Hausfrau im bürgerlichen Sinne, verschafft aber keine Sicherheit mehr, wie das Beispiel der früheren Hausfrau Antje Steffen zeigt.

Antje von Dewitz hat zwar den Geschäftsführerposten ihres Vaters geerbt, aber sie musste lernen, dass sie ihn nicht so ausfüllen kann, wie ihr Vater das tat. Henrike Lähnemann ist die erste Frau auf dem Lehrstuhl, den sie innehat, dafür gibt es kein weibliches Vorbild. Die Pflegerin Olga Schmidt ist zunächst inoffiziell ins Land gekommen, es war für sie kein Platz vorgesehen, aber sie hat einen für sich gefunden. Es war auch kein Platz vorgesehen für Fotomodelle, die älter als fünfundzwanzig waren. Claudia Schiffer hat sich einfach weiter behauptet, heute ist sie doppelt so alt und immer noch dabei. Jackie Thomae hat sich als Comedyautorin bewährt, zu einer Zeit, in der es hieß, Frauen hätten keinen Humor.

Das ist der Preis der erkämpften Freiheit, der Emanzipation: Da ist erst mal kein Halt von außen. Der einzige Halt, den wir haben können, ist der in uns selbst. Wir müssen lernen, ihn zu finden und darauf zu vertrauen. Das ist nur möglich, wenn wir wissen, wer wir sind und wie wir leben wollen.

Männer nachzumachen ist keine Option. Zumal die gängigen Bilder Männern selbst zunehmend zu schaffen machen. Feminismus ist ein Bekenntnis zu humanen Werten, die für alle Menschen gelten, ein Bekenntnis zu einer besseren Welt für alle, für Frauen wie für Männer. Patriarchale Strukturen, unter denen Frauen wie Männer leiden, lassen sich nur über veränderte Erzählungen überwinden.

In der gängigen Erzählung ist weibliches Glück daran gebunden, jederzeit noch Kinder bekommen zu können, und daran, möglichst für immer so auszusehen wie mit Ende zwanzig. Das Glück, das die Hauptfiguren dieses Buches schildern, liegt jedoch darin, aus reichen Erfahrungen die richtigen Schlüsse zu ziehen. Frauen in der Lebensmitte sind innerlich reich, sehr oft gelassen und verfügen gleichwohl, wenn sie gesund sind, über eine ähnliche Energie wie in früheren Jahren. Sie können eine gute Gesellschaft sein, anderen und sich selbst. Viele der Gesprächspartnerinnen empfinden sich heute als die bisher beste Version ihrer selbst. Denn sie können erleben, dass alles, was sie aus jungen Jahren kennen, weitergeht – die Liebe, die Erotik, der Sex, die Neugierde, die Perspektiven, die Pläne, die Entdeckungen. Allerdings mit mehr Weisheit und Erfahrung als Wegweiser – viel besser kann das Leben nicht sein.

Ich muss noch einmal an den Sommerabend auf dem Balkon denken, an den Satz, dass wir Frauen, die jetzt in der Lebensmitte sind, einmal so angesehen werden wie der sogenannte alte weiße Mann heute. Der Gedanke ist wirklich amüsant, aber meiner Erfahrung nach gibt es neben dem oben genannten Unterschied, dass wir unsere künftige Rolle nicht von den Altvorderen übernehmen, noch einen weiteren: Wir waren lange Zeit vielleicht nicht unbedingt auf der Seite derjenigen, die in allem benachteiligt sind, aber zumindest nicht auf der Seite derjenigen, die bevorzugt werden. Spätestens in unseren Dreißigern stießen viele von uns an die berühmte gläserne Decke, manche bekamen dann durchaus Chancen, aber etliche mussten sehr hart arbeiten, um da mitmachen zu können, wo Männer in der Regel selbstverständlicher hinkamen. Sich dann dort zu behaupten konnte bedeuten, permanent an die Grenzen des eigentlich Leistbaren – und darüber hinaus – gehen zu müssen.

Manchmal bekamen wir nur Gelegenheit zum Mitmachen, damit das Bild stimmt. Denn in den bereits fortgeschrittenen Jahren des neuen Jahrtausends wirkt es zumindest merkwürdig, eine Gruppe in der Öffentlichkeit zu sehen, die ausschließlich aus Männern besteht. Nicht immer will man da mitmachen, und schön ist es schon gar nicht. Es ist eine Lückenbüßerstrategie, die auch bestimmten Talkshowredaktionen oder Gremien nicht steht: die Frauen nur um der Optik willen dazubitten, aber nicht, weil ein echtes Interesse an dem vorhanden wäre, was Frauen einzubringen haben.

Natürlich durchschauen wir diesen Mechanismus. Aber wie damit umgehen? Nicht mitmachen, damit die realen Verhältnisse deutlich werden? Mitmachen auf die Gefahr hin, sich instrumentalisieren zu lassen für das Bild einer vermeintlichen Geschlechtergleichheit, die dem eigenen Erleben nicht entspricht? Denn wenn eigentlich kein Platz für einen vorgesehen ist, muss man ihn sich erkämpfen. Das kann demütigend sein, und das vermittelt sich auch: Die Männer sind, wo sie sind, die Frauen – die Armen! – kämpfen.

Doch es ergibt sich eine bestimmte Form der Stärke und Souveränität daraus, Niederlagen und Demütigungen beim Mitmachen einzukalkulieren. Man lernt immer besser, die Niederlagen mit Würde zu überstehen. Eine Frau wie die Aktivistin Meral Şahin, die trotz guter Noten auf die Hauptschule musste, und die sich alles, was sie heute ist, erkämpft hat, strahlt eine große Stärke aus, aber überhaupt keine Arroganz. Sie besitzt die Wärme eines Menschen, der viel versteht, weil er viel erlebt und gesehen hat.

Es sollte andere Wege zu dieser Art von Souveränität geben, wirklich, das wäre allen zu wünschen – auch jenen Männern, die ebenfalls den Weg über die Niederlagen haben gehen müssen. Aber da es nun mal so war, wie es war, und ist, wie es ist, ergibt sich daraus dann doch ein Trost: Das Ergebnis dieses dauerhaften Kampfes kann sich sehen lassen – *still standing*.

Eben weil ich um die Demütigungen weiß, die viele Frauen in der Lebensmitte hinter sich haben, ging es mir in diesem Buch darum, Frauen den Raum zu geben, von sich selbst erzählen zu dürfen. Wo ich auch hinkam, traf ich auf diese erstaunliche Souveränität, die trotz – oder eben wegen – der vielen Widerstände entstanden ist, auf diesen enormen Reichtum an Erfahrungen, auf Witz, auf Würde, kreative Kräfte, einen Willen zur Selbstständigkeit und Unabhängigkeit.

Alles spricht dafür, dass es unser aller Reichtum an Gedanken und Kraft nur befördert, Frauen überall gleichberechtigt dabeizuhaben, und zwar gerade die nicht mehr ganz so jungen. Die Jungen würden gleichzeitig auf Verantwortung vorbereitet und könnten zu der Sicherheit gelangen, im Großen und Ganzen ihren berechtigten Platz zu haben – und aus Sicherheit erwächst neue Kompetenz. Natürlich gibt es auch Frauen, die zum Beispiel als Chefinnen Schaden anrichten, und wir können in einigen Fällen froh sein, dass gewisse Positionen von wunderbaren Männern übernommen werden. Auch werden häufig gerade dadurch, dass ältere Männer im Arbeitsumfeld jüngere Frauen fördern, die alten Machtverhältnisse reproduziert und wirken hinter einer moderneren Fassade weiter: Die Männer geben sich als die Erfahreneren und somit Überlegenen.

Aber mit etwas Abstand von den Einzelfällen ist die Rechnung doch simpel: Mehr Frauen mit mehr Erfahrung, deren Stimme gehört wird, ergeben ein Mehr an Wissen. Und in einer Welt, die sich in einem derart prekären Zustand befindet wie die unsrige, können wir es uns wie gesagt nicht leisten, auf Wissen, Erfahrung, Einsichten und Gelassenheit zu verzichten. Wir brauchen die Erfahrung aller, nicht nur die derjenigen in den Spitzenpositionen.

Alles, was wir erfahren, nützt uns etwas für unser weiteres Leben und eröffnet uns neue Perspektiven, hat Siri Hustvedt in unserem Gespräch für dieses Buch gesagt. Erfahrung ist Reichtum, die Glücklichen unter uns sind in diesem Sinne reiche Menschen. Von dieser Art Reichtum können wir nicht genug haben.

Literatur

Ahlheim, Hannah: Der Traum vom Schlaf im 20. Jahrhundert. Wissen, Optimierungsphantasien und Widerständigkeit, Göttingen 2018

Anselm, Doris: Hautfreundin, München 2019

Beard, Mary: Frauen und Macht, Frankfurt am Main 2018

Beauvoir, Simone de: Das andere Geschlecht. Sitte und Sexus der Frau, Hamburg 2000

Bode, Sabine: Kriegsenkel. Die Erben der vergessenen Generation, Stuttgart 2019

Bode, Sabine: Die vergessene Generation. Die Kriegskinder brechen ihr Schweigen, Stuttgart 2015

Butler, Judith: Das Unbehagen der Geschlechter, Frankfurt am Main 1991

Bylow, Christina und Vaillant, Kristina: Die verratene Generation. Was wir den Frauen in der Lebensmitte zumuten, München 2014

Corino, Eva: Das Nacheinanderprinzip. Vom gelasseneren Umgang mit Familie und Beruf, Berlin 2018

Dausend, Peter und Knaup, Horand: »Alleiner kannst du gar nicht sein.« Unsere Volksvertreter zwischen Macht, Sucht und Angst, München 2020

Denninger, Tina: Blicke auf Schönheit und Alter. Körperbilder alternder Menschen, Wiesbaden 2018

Derrida, Jacques: Vergeben. Das Nichtvergebbare und das Unverjährbare, Wien 2018

Dürr, Thomas: Hannah Arendts Begriff des Verzeihens, Freiburg im Breisgau 2009
Flaßpöhler, Svenja: Verzeihen. Vom Umgang mit Schuld, München 2016
Harrison, Robert Pogue: Ewige Jugend. Eine Kulturgeschichte des Alterns, München 2015
Harry, Debbie: Face it. Die Autobiografie, München 2020
Heti, Sheila: Mutterschaft, Hamburg 2019
Illouz, Eva: Gefühle in Zeiten des Kapitalismus, Frankfurt am Main 2007
Illouz, Eva: Warum Liebe endet. Eine Soziologie negativer Beziehungen, Berlin 2020
Illouz, Eva: Warum Liebe weh tut. Eine soziologische Erklärung, Berlin 2016
Jankélévitch, Vladimir: Das Verzeihen. Essays zur Moral und Kulturphilosophie, Frankfurt am Main 2003
Jonas, Hans: Das Prinzip Verantwortung, Berlin 2020
Jong, Erica: Angst vorm Fliegen, Berlin 2004
Karig, Friedemann: Wie wir lieben. Vom Ende der Monogamie, Berlin 2017
Kiyak, Mely: Frausein, München 2020
Korte, Martin: Jung im Kopf. Erstaunliche Einsichten der Gehirnforschung in das Älterwerden, München 2012
Lendt, Holger und Fischbach, Lisa: Treue ist auch keine Lösung. Ein Plädoyer für mehr Freiheit in der Liebe, München 2011
Levine, Peter Alan: Sprache ohne Worte. Wie unser Körper Trauma verarbeitet und uns in die innere Balance zurückführt, München 2011
Levitin, Daniel: Successful Ageing. A Neuroscientist Explores the Power and Potential of Our Lives, New York 2020
Levy, Ariel: Gegen alle Regeln. Eine Geschichte von Liebe und Verlust, München 2017

Lewina, Katja: Sie hat Bock, Köln 2020
Maupin, Armistead: Logical Family. A Memoir, London 2018
Mayer, Susanne: Die Kunst, stilvoll älter zu werden. Erfahrungen aus der Vintage-Zone, Berlin 2016
Mika, Bascha: Mutprobe. Frauen und das höllische Spiel mit dem Älterwerden, München 2014
Nida-Rümelin, Julian: Verantwortung, Stuttgart 2011
Perrig-Chiello, Pasqualina: In der Lebensmitte. Die Entdeckung der zweiten Lebenshälfte, Zürich 2007
Regitz-Zagrosek, Vera und Schmid-Altringer, Stefanie: Gendermedizin. Warum Frauen eine andere Medizin brauchen, München 2020
Renz, Ulrich: Schönheit. Eine Wissenschaft für sich, Lübeck 2012
Şahin, Reyhan: Yalla, Feminismus!, Stuttgart 2019
Said, Edward: Orientalismus, Frankfurt am Main 2009
Sandberg, Sheryl: Lean in. Frauen und der Wille zum Erfolg, Berlin 2015
Schück, Jo: Nackt im Hotel. Wie Freundschaft der Liebe den Rang abläuft, München 2020
Seidl, Claudius: Schöne junge Welt. Warum wir nicht mehr älter werden, München 2005
Solnit, Rebecca: Die Mutter aller Fragen, Hamburg 2017
Verhaeghe, Paul: Autorität und Verantwortung, München 2016
Vinken, Barbara: Die deutsche Mutter. Der lange Schatten eines Mythos, Frankfurt am Main 2007
Wiking, Meik: Die Kunst der guten Erinnerung und wie sie uns dauerhaft glücklicher macht, Köln 2019

Dank

Dieses Buch ist auch über Gespräche entstanden, nicht nur mit denjenigen, die darin vorkommen. Ich habe auch von anderen vielerlei Anregungen bekommen, und dafür möchte ich mich herzlich bedanken.

Meine Agentin Nina Sillem hat den entscheidenden Anstoß für alles gegeben, meine Lektorin Katrin Sorko hat entschieden zugegriffen, leidenschaftlich beraten und jedes Detail mitbegleitet. Die Zusammenarbeit mit beiden war ein großer Spaß und eine Bestätigung für zahlreiche Thesen dieses Buches: was alles möglich ist, wenn Frauen zusammenhalten und wenn die Freude an der Sache die Grundlage ist für das eigene und gemeinsame Handeln. Den Kontakt zu den Hauptfiguren, die ich zuvor allesamt nur wenig oder gar nicht kannte, haben mir ermöglicht: Jörg Bong, Galina Bosch, Doreen Denalane Boone, Jen Dougherty, Lukas Dürrnagel, Pia Düsterhus, Christina von Lindenfels, Thomas Manzi, Sarah Mross Markus Naegele, Anna Ogundehin, Nina Sillem, Katrin Sorko, Anouska Spiers, Birgit Weber.

Nicht aus allen Kontakten ist ein Buchkapitel geworden, aus unterschiedlichen Gründen, bedanken möchte ich mich bei denjenigen, die dennoch Wege geebnet, Tipps und sonstige Anregungen gegeben haben: Eva Buchhorn, Andreas Cichowitz, Bianca Dombrowa, Ute Fesquet, Friedrich Geiger, Stephanie Hoffmann, Tina Kulow, Peter Müller, Christine Neuhaus, Katja Thimm, Petra Truckendanner, Alfred Weinzierl.

Zitatnachweise

S. 57: Renz, Ulrich: Schönheit. Eine Wissenschaft für sich, Sefa-Verlag, Lübeck © 2013, Ulrich Renz

S. 58: Denninger, Tina: Blicke auf Schönheit und Alter. Körperbilder alternder Menschen © 2018, Springer, Wiesbaden

S. 65f: Beard, Mary: Frauen und Macht. Aus dem Englischen von von Ursula Blank-Sangmeister unter Mitarbeit von Janet Schüffel © 2018, S. Fischer, Frankfurt am Main

S. 119f: Bylow, Christina und Vaillant, Kristina: Die verratene Generation. Was wir den Frauen in der Lebensmitte zumuten © 2014, Droemer Knaur, München

S. 119 und S. 124: Heti, Sheila: Mutterschaft. Aus dem Englischen von Thomas Überhoff © 2019, Rowohlt Verlag GmbH, Hamburg, und Paul & Peter Fritz AG, Zürich

S. 158: Kiyak, Meli: Frausein © 2020, Hanser, München